쇼핑몰 상세페이지
디자인
가이드북 3rd

김경은(단아쌤) 지음

YoungJin.com Y.
영진닷컴

쇼핑몰 상세페이지 디자인 가이드북 3rd

ISBN 978-89-314-6589-1

독자님의 의견을 받습니다.

이 책을 구입한 독자님은 영진닷컴의 가장 중요한 비평가이자 조언가입니다. 저희 책의 장점과 문제점이 무엇인지, 어떤 책이 출판되기를 바라는지, 책을 더욱 알차게 꾸밀 수 있는 아이디어가 있으면 팩스나 이메일, 또는 우편으로 연락주시기 바랍니다. 의견을 주실 때에는 책 제목 및 독자님의 성함과 연락처(전화번호나 이메일)를 꼭 남겨 주시기 바랍니다. 독자님의 의견에 대해 바로 답변을 드리고, 또 독자님의 의견을 다음 책에 충분히 반영하도록 늘 노력하겠습니다.

주 소 : (우)08507 서울특별시 금천구 가산디지털1로 128 STX-V 타워 4층 401호

이메일 : support@youngjin.com

※ 파본이나 잘못된 도서는 구입처에서 교환 및 환불해드립니다.

STAFF

저자 김경은 | **총괄** 김태경 | **진행** 차바울 | **표지 디자인** 강민정 | **내지 디자인** 김효정 | **편집** 황유림, 신지연
영업 박준용, 임용수, 김도현 | **마케팅** 이승희, 김근주, 조민영, 채승희, 김민지, 임해나, 김도연, 이다은
제작 황장협 | **인쇄** 제이엠인쇄

Preface 머리말

처음 이 책을 썼을 때 많은 창업자 분께 도움이 될 수 있는 내용으로 적고자 마음먹었습니다. 그리고 저자가 아닌 마케터로서 이 책을 냈을 때 시장에서 반응이 좋을까 등 많은 고민을 했습니다. 2017년 개정판 이후 2022년 이렇게 3번째 시리즈로 업데이트 할 수 있게 된 것은 모두 본 책을 사랑해주신 독자님 덕분입니다. 디자인 서적보다는 '창업실용서'를 표방한다는 생각으로 '다양한 판매의 경험'과 강사로서 만난 '창업자들의 교육장'에서 만들어진 책입니다.

어느덧 이 쇼핑몰 분야에 발을 담근 지 10년이 되었습니다. 그동안 많은 이커머스 플랫폼이 급변하였고, 시장 역시 코로나 이후 많은 성장을 이루게 되었습니다. 아직도 온라인 판매는 기회의 시장이며 국내를 떠나 해외까지 시장이 넓혀지는 상황에서 '판매자는 디자이너가 아니다. 마케터다.'라는 저의 생각이 더욱 확고해졌습니다.

포토샵 기술은 기본이며, 상품을 더욱 돋보이게 하기 위한 노력이 계속되어야 하는 상황입니다. 부족한 실력에 사진 촬영 부분은 담지 못했지만, 상세페이지는 사진 촬영에서부터 시작됩니다. 따라서 제작 전에 미리 상세페이지를 기획하고, 내용을 준비한 뒤 콘셉트 사진 촬영으로 연결하기를 당부하고 싶습니다.

이 책의 예제로 이미지를 사용할 수 있도록 허락하고 도와주신 '헬로미니미' 대표님, '쥬디앤폴' 대표님 등 다양한 업체의 대표님께 감사를 드립니다. 아울러, 본 개정판을 출간하기 위해 노력해 준 우리 회사인 떠블유투에이의 직원분들 모두와 영진닷컴 차바울 님을 비롯한 많은 출판사 관계자분께 머리 숙여 감사드립니다. 어렸을 때부터 비싼 컴퓨터 책을 사 주시며 저의 꿈을 응원해 준 어머니, 아버지 그리고 든든한 평생 내 편 언니, 형부, 동생, 조카님들 항상 사랑하고 보고 싶습니다.

제 강의를 들어주시고 함께 해주는 "단아쌤TV" 유튜브 구독자님들 덕분에 아직도 강의를 하는 강사로 자리할 수 있었습니다. 부족한 저와 함께 교육을 함께해주시는 서울시, 경기여성발전센터 매니저님들, 인천디자인센터, 네이버 비즈니스 스쿨, 쿠팡 판매자센터, 카페24교육센터, 클래스101, MKYU 및 모든 교육관계자님 감사합니다. 책 내용 또는 온라인 쇼핑몰에 대한 궁금한 점은 네이버 카페[http://cafe.naver.com/talkingshop]와 유튜브 채널[https://www.youtube.com/user/atll1111]을 통해 도와드리도록 하겠습니다. 쇼핑몰 창업을 돕는 플랫폼 스텝바이셀[https://stepbysell.com]에서 온·오프라인 강의로도 만나 뵐 수 있도록 노력하는 강사 겸 창업가가 되겠습니다. 이 책이 여러분들의 사업에 도움이 되는 서적이 될 수 있길 기원합니다.

김경은 강사 (dana@w2a.co.kr)

File Download 예제 및 완성 파일 다운로드 방법

이 책의 학습에 필요한 예제 및 완성 파일은 영진닷컴 홈페이지(www.youngjin.com) 의 자료실 '부록CD다운로드'에서 다운로드할 수 있습니다. 예제 및 완성 파일을 다운로 드하고 사용하는 방법을 알아보겠습니다.

❶ 영진닷컴 홈페이지(www.youngjin.com)에 접속 한 후 홈페이지 상단의 **[고객센터]** 혹은 좌측 하 단의 **[부록CD다운로드]**를 클릭합니다.

❷ 부록CD다운로드 페이지에서 도서명 '쇼핑몰 상 세페이지 디자인 가이드북'을 입력한 후 [검색]을 클릭합니다. 검색 결과에서 **[부록CD다운로드]** 를 클릭해 내 컴퓨터에 파일을 다운로드 합니다.

❸ 다운로드한 'CD1.zip' 파일의 압축을 해제하면 그 림과 같이 각 Part〉Chapter〉Section별 폴더로 구 분되어 있는 예제 및 완성 파일을 확인할 수 있 습니다.

Using Guide 무료 동영상 시청 방법 및 참고사항

이 책의 학습 내용 중 일부는 동영상을 제공하고 있습니다. 책 내의 QR코드를 가지고 계신 스마트폰으로 촬영하여 유튜브 동영상을 이용해보세요!

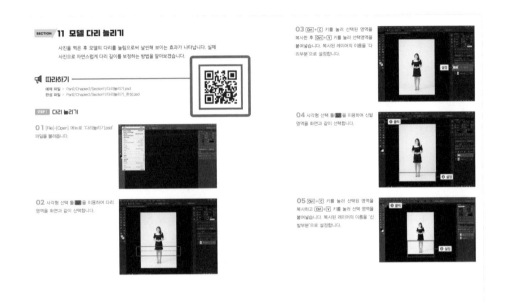

동영상 제공 학습 목록

PART 2 - CHAPTER 2 - SECTION 11 모델 다리 늘리기
PART 2 - CHAPTER 2 - SECTION 12 구겨진 옷 다림질하기
PART 2 - CHAPTER 2 - SECTION 13 노랗게 변색된 색 보정하기
PART 3 - CHAPTER 2 - SECTION 4 여러 사진 한방에 편집하는 Batch & action

그 외에 덧붙이는 이야기들

• 이 책은 포토샵 CS6를 기준으로 집필하였습니다. 포토샵 버전에 따라 따라하기 화면이 다를 수 있으니 양해해주세요.
• 책의 예제는 각 폴더별로 모았습니다. 예제 및 완성 파일들은 해당 폴더별 폴더에서 쉽게 찾을 수 있습니다.
• 책의 예제뿐 아니라 개별적으로 연습하고 싶은 분들을 위해, 개별 연습할 수 있는 템플릿들도 포함했으니 연습을 통해 포토샵이 쉽게 익숙해지기를 바랍니다.
• 따라하기 중 텍스트 입력이 번거롭지 않도록 예제용 텍스트 파일도 포함했으니 따라하기에 참고해주세요.

To reader 웹(쇼핑몰)디자이너가 이 책을 본다면
: Web Designer

만약 이 책을 펼친 분께서 디자이너이거나 취업 준비중인 예비 웹(쇼핑몰)디자이너라면 이 책을 통해 오픈마켓 및 스마트스토어 시장과 온라인쇼핑몰에 사용되는 이미지 전반에 대해 이해하고, 배울 수 있으리라 생각됩니다. 포토샵을 할 줄 알더라도 본문에 나오는 예제들을 따라 해 보길 권장합니다. 포토샵은 사용하는 사람마다 방법이 각기 달라서 다른 사람이 사용하는 방법을 통해 자신에게 필요한 부분과 더 나은 방법을 찾을 수 있게 됩니다.

쇼핑몰 디자이너가 되면 종합몰이 아닌 이상, 입사한 업체의 상품의 디자인만 만들다 보니 한 분야로 국한된 디자인을 할 때가 많습니다. 예를 들어 의류 쇼핑몰 디자이너라면 잡화나 공산품류의 상세페이지는 제작하지 못하지요. 그 이유는 아무래도 의류쇼핑몰은 사진 편집이 많은데 비해 잡화나 공산품류는 꾸미고 장식하는 부분이 더 많기 때문입니다.

도서의 PART 3에서 카테고리별 상품페이지 제작을 해보며 현재 자신이 하고 있지 않은 다른 분야의 일도 익혀가면 좋겠습니다. PART 1의 CHAPTER 1에서는 디자이너는 모르는 쇼핑몰 운영의 고충을 조금이라도 이해할 수 있게 되고, 내가 만드는 이미지가 어떻게 쓰이는 지 알 수 있을 겁니다.

본 책은 필자의 Tip과 노하우가 가득 담긴 책입니다. 17년 동안 웹 디자인을 한 만큼 선배 디자이너로서 일반적인 책에 있는 내용이 아닌 실무 중심으로 집필했기 때문에 더욱 도움이 되길 기원합니다. 그리고 웹디자이너로서 다양한 소스를 항상 여러분들의 폴더에 잘 정리해 두셔서 업무를 할 때 빠르게 처리를 할 수 있도록 꾸준한 노력을 해주시면 좋겠습니다. 프리랜서와 웹디자인 회사를 운영하면서 다양한 디자이너를 만났지만, 손이 빠른 디자이너와 기획이 가능한 디자이너는 어디에서든 높은 몸값을 가지고 움직일 수 있습니다. 책을 따라해 보고 사진, 문구, 색상, 배치를 바꿔서 포트폴리오를 만들어 보세요. 디자이너, 여러분을 응원합니다.

To reader 쇼핑몰 사장님이 이 책을 본다면
: President of Online Shoppingmall

만약 이 책을 펼친 분께서 쇼핑몰을 운영 중이거나 예정인 사장님이시라면 이 책을 정독하시는 것을 추천합니다. 특히 PART 3의 상품 이미지 제작 부분은 포토샵을 잘하지 못해도 충분히 따라올 수 있도록 상세히 기록했으며, 따라하기 중에 기능을 여러 번 반복하다 보면 포토샵과 친해질 수 있습니다. 어느 정도 익숙해지면 예제 이미지 대신 본인이 판매할 제품 사진을 넣어도 보고, 문구도 판매할 상품에 맞춰 바꿔보고, 예제 파일을 이용해서 상품 등록을 해보세요. PART 4는 필자가 강의를 다니면서 가장 많이 받은 질문에 대해서 서술했습니다. 팝업창 띄우기, 다른 상품 링크 걸기 등 궁금하셨던 내용을 예제 파일과 함께 수록했습니다.

본 책이 포토샵 기초에 대해 조금 더 친절한 책이었다면 좋겠지만, 안타깝게도 그러지 못한 부분은 이해해 주십시오. 실무 중심의 내용을 많이 담으려고 노력했으며, 쇼핑몰 사장님들께서 판매에 더 집중하실 수 있도록 빠르게 제작할 수 있는 꿀팁들만 가려 담았습니다. 그러다 보니 포토샵에 익숙하지 않으시다면 다소 어렵다고 느낄 수 있는 부분이 있을 거라고 생각하지만, 좌절하지 마십시오! 천천히 익숙해져 가실 겁니다. :D 단축키와 각각의 툴 바부터 익혀가십시오. 그리고 차근차근 책을 따라하다 보면 분명 멋있는 상품페이지를 제작할 수 있을 겁니다.

아무래도 포토샵이 어려운 대표님들을 위해 이번 업데이트에서는 스마트스토어/오픈마켓 템플릿을 이용한 상품페이지 작성방법을 수록하였으며, 무료 이미지 제작사이트인 미리캔버스를 활용해 포토샵 없이도 디자인할 수 있는 내용을 추가했습니다.

네이버 카페(http://cafe.naver.com/talkingshop)와 유튜브 "단아쌤TV"에 쇼핑몰 운영 및 디자인에 대한 무료 동영상 교육도 올라와 있습니다. 책을 보다가 어려운 부분 있으시면 유튜브 영상에 댓글로 "독자입니다~"의 머리말로 궁금한 사항을 질문해 주십시오. 가능한 범위 안에서 댓글의 내용들을 좀 더 자세히 영상으로 업데이트하면서 소통하는 저자가 되겠습니다.

디자이너 및 쇼핑몰 대표님 여러분 모두의 건승을 기원합니다. :D

Contents 차례

- 머리말   3
- 예제 및 완성 파일 다운로드 방법   4
- 무료 동영상 시청 방법 및 참고사항   5
- 웹(쇼핑몰)디자이너가 이 책을 본다면   6
- 쇼핑몰 사장님이 이 책을 본다면   7

PART 01
오픈마켓 디자인의 변화에 대처하기

CHAPTER 01 온라인 시장의 변화

SECTION 01 변화하는 온라인 마켓 디자인 트렌드   14

SECTION 02 모바일 시장에서 살아남는 디자인 트렌드   17

SECTION 03 쇼핑몰 사장님은 디자이너가 아니다. 기획자다!   23

CHAPTER 02 상세페이지, 디자인 업체 vs Self Making

SECTION 01 디자인 업체의 상세페이지 제작 비밀 노트   28

SECTION 02 1인 온라인 마켓 사장님의 상세페이지 제작 비밀 노트   32

CHAPTER 03 디자인 작업 시 유의사항

SECTION 01 디자인 업체 유형 선정   35

SECTION 02 상세페이지 제작의뢰서 작성 요령   36

SECTION 03 기타 유의사항   41

SECTION 04 잘 팔리는 상세페이지 뉴-트렌드   42

PART 02

상세페이지를 위한 포토샵 기초 다지기

CHAPTER 01 **포토샵과 절친되기**

SECTION 01 포토샵이 하는 가장 기본적인 일   50

SECTION 02 포토샵의 툴 이해하기   53

SECTION 03 상세페이지 최적화 인터페이스 만들기   56

SECTION 04 상세페이지 기본 틀 만들기   61

SECTION 05 포토샵 레이어 알아보기   64

SECTION 06 상품 색상 보정하기   68

SECTION 07 상세페이지에 필요한 폰트 사용설명서   71

SECTION 08 웹/모바일 최적화로 이미지 저장하기   77

CHAPTER 02 **상세페이지 제작을 위한 포토샵 필수 기능**

SECTION 01 상품 사진 촬영 후에 사용하는 기능 모음   80

SECTION 02 로고 지우기   89

SECTION 03 인물사진 보정하기   91

SECTION 04 배경 지우기1(QUICK SELECTION)   102

SECTION 05 배경 지우기2(펜 툴을 이용한 배경 지우기)   107

SECTION 06 이미지 합성으로 인트로 제작하기   112

SECTION 07 'HIT 상품' 도형(메달) 제작하기   118

SECTION 08 상점 워터마크로 저작권 표시하기   125

SECTION 09 클리핑 마스크로 로고 제작하기   129

SECTION 10 상품진열장과 상품 그림자 제작하기   134

SECTION 11 모델 다리 늘리기   138

SECTION 12 구겨진 옷 다림질하기   142

SECTION 13 노랗게 변색된 색 보정하기   146

PART 03

오픈마켓 상세페이지 실전 제작하기

CHAPTER 01 **카테고리별 상세페이지의 특징**

SECTION 01 식품류 상세페이지의 특징(송이토마토 상세페이지 제작)   152

SECTION 02 공산품 상세페이지의 특징(모기장 상세페이지 제작)   164

SECTION 03 화장품 상세페이지의 특징 및 제작   174

SECTION 04 패션 잡화 상세페이지의 특징(귀걸이 상세페이지 제작)   185

SECTION 05 IT 제품 상세페이지의 특징(액정보호필름 상세페이지 제작)   193

SECTION 06 유아용품 상세페이지 특징(놀이매트 상세페이지 제작)   203

CHAPTER 02   단품 상세페이지 실전 제작하기

SECTION 01 썸네일 제작하기   212

SECTION 02 단품 상세페이지 제작하기   218

SECTION 03 배송 정보 제작하기   230

SECTION 04 여러 사진을 한방에 편집하는 Batch & action   237

CHAPTER 03   다중 옵션 상세페이지 실전 제작하기(앨범)

SECTION 01 인트로 제작하기   241

SECTION 02 옵션 제작하기   248

SECTION 03 상품상세영역 제작하기   259

SECTION 04 배송안내 제작하기   268

CHAPTER 04   의류 상세페이지 실전 제작하기

SECTION 01 클릭(옵션) 이미지   276

SECTION 02 팝업용 상세페이지 이미지   286

SECTION 03 롤오버 코드와 html 작성을 활용한 팝업페이지 제작 방법   293

PART
04
오픈마켓
상세페이지로
노출 점수 높이기

CHAPTER 01   G마켓/옥션 템플릿과 품질지수 만점 받기

SECTION 01 품질지수 평가가이드   304

SECTION 02 영역별 템플릿 확인하기   307

CHAPTER 02 오픈마켓에서 놓치면 안 되는 영역 제작

SECTION 01 판매자의 다른 상품 팝업링크 제작하기   314

SECTION 02 미니샵 메인 이미지 제작하기(움직이는 대문이미지 제작)   320

CHAPTER 03 실전을 통해 알아보는 오픈마켓의 상품등록

SECTION 01 변경된 G/A 에디터 알아보기   325

SECTION 02 11번가 상품등록 에디터   332

CHAPTER 04 핫한 플랫폼 스마트스토어의 모든 것

SECTION 02 스마트스토어 노출 잘 되는 이미지 등록하기   344

SECTION 02 스토어 찜하기와 톡톡 친구맺기,

           쿠폰 발급 공지사항 만들기   349

SECTION 03 스토어찜, 톡톡 동시 할인쿠폰

           PC+모바일 배너 삽입하는 방법   352

PART

05

**미리캔버스와
VLLO 앱으로
쇼핑몰 필수페이지
제작하기**

CHAPTER 01 미리캔버스로 쇼핑몰 필수페이지 제작하기

SECTION 01 스마트스토어 메인 배너 제작하기   362

SECTION 02 고객혜택쿠폰 공지 제작하기   371

SECTION 03 고객리뷰 이벤트 제작하기   374

SECTION 04 해외 구매대행 상세페이지 제작하기   381

CHAPTER 02 VLLO 앱으로 삽입할 동영상 및 움짤(GIF) 제작하기

SECTION 01 사진으로 동영상 제작하기   387

SECTION 02 동영상으로 GIF 움짤 만들기   393

PART
01

오픈마켓
디자인
변화에 대처하기

온라인 몰은 크게 3종류가 있습니다. 누구나 판매가 가능한 쇼핑몰인 오픈마켓과 온라인백화점이라고 불리는 온라인몰, 그리고 소셜커머스입니다. 우리나라에서는 G마켓, 옥션, 11번 가, 인터파크가 대표적인 온라인몰이자 오픈마켓입니다. 별다른 사업자나 경영자 없이 개인이 상품을 등록하고 판매할 수 있어서, 오프라인에서의 전통시장과 같은 개념이라고 이해하시면 됩니다. 누구나 판매가 가능해서 판매자와 상품이 다양하며, 그런 만큼 상품을 소개하는 페이지도 여러 디자인의 형태를 띠고 있습니다. 물론 여기에도 트렌드가 존재합니다.

CHAPTER 01

온라인 시장의 변화

시간이 흐르며 기술이 발전함에 따라 전자제품의 발전도 빠른 속도로 진행되고 있습니다. 최근의 추이를 보면 TV, 스마트폰, 태블릿PC 등 다양한 전자기기의 향연이 이어지며 소비자들의 상품 구매도 용이해졌습니다. 온라인 쇼핑몰 운영자의 발 빠른 대처가 곧 매출로 이어지게 되는 상황인 것입니다.

SECTION 01 변화하는 온라인 마켓 디자인 트렌드

디자인만큼 유행과 시대적 흐름을 따르는 것을 찾기란 쉽지 않습니다. 시대에 뒤쳐져서도, 시대에 앞서가서도 사랑 받는 디자인이 될 수 없습니다. 트렌드에 맞는 온라인 마켓 디자인이란 무엇일까요?

3년을 버티면 쇼핑몰계에서도 어느 정도 사업의 기반이 다져졌다 해도 과언이 아닌 만큼 빠르게 변화하는 온라인 쇼핑몰에서는 상황에 맞추어 변화하는 유연성이 중요합니다. 디자인도 마찬가지입니다. 이전에는 화려하고 볼록하게 올라온 엠보싱 처리된 2.5D 디자인의 형태가 주를 이루었다면 이제는 납작하게 달라붙은 디자인 형태가 유행하고 있습니다. 디자인의 트렌드를 살필 때 단편적으로 경쟁사의 상세페이지만 체크할 게 아니라 전체적인 디자인의 트렌드를 봐야 합니다. "아는 만큼 보인다."는 말과 "보는 만큼 만들 수 있다."는 말은 같다고 생각합니다.

▲ 스마트폰 바탕화면 아이콘 디자인의 변화

필자 역시 디자인 전공자는 아니지만 차이와 변화를 인식하기 위해 주위를 항상 둘러보려고 노력합니다. 우리 주변에서 디자인 트렌드의 변화를 가장 쉽게 느껴볼 수 있는 것은 바로 스마트폰입니다. 스마트폰 바탕화면에 배치된 아이콘의 모습을 비교해 보면 그간의 변화를 확연히 깨달을 수 있습니다. 이전의 입체적인 디자인에서 단순화된 디자인으로 변했습니다. 작은 디바이스에서 다양한 기능을 표현하다 보니 기능/색상 요소가 늘어나면 지루함을 느끼게 되는 심리가 반영된 디자인으로 변화된 것입니다.

온라인 쇼핑몰 역시 이러한 변화가 반영되었습니다.

▲ 2006년 G마켓 메인화면

▲ 2022년 쿠팡 메인화면

앞에서 보았듯이, 시각적 자극을 주는 복잡한 형태의 광고 위주의 구성에서, 깔끔한 사진과 아이콘을 심플하게 배치하는 구성으로 변화한 것을 알 수 있습니다. 이러한 심플한 디자인 형태의 중요성은 구매 패턴의 변화에서도 쉽게 찾아볼 수 있습니다. 소비자가 PC로 구매하는 비중보다 모바일로 구매하는 비중이 높아지고 있기 때문입니다.

▲ 2022년 3월 온라인쇼핑 동향 및 1/4분기 온라인 해외 직접 판매/구매 동향

이러한 시장의 흐름이 상세페이지에도 당연히 반영되어야 합니다. 모바일은 PC에 비해 화면 크기가 최소 1/10밖에 되지 않습니다. 작은 손 안에서 내 상품에 머무는 시간도 그만큼 줄어들게 됩니다. 하지만 집중력은 올라가죠.

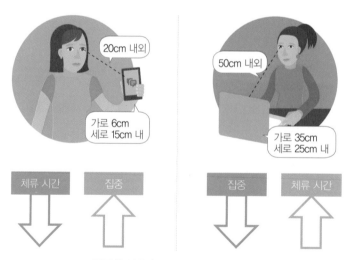

▲ 기기에 따른 체류 시간과 집중력의 관계

앞서 설명한 두 가지 트렌드인 모바일 쇼핑 시장의 활성화와 심플한 디자인 형태의 중요성은 곧 하나의 연결 고리를 갖습니다. 그것은 바로 '속도'입니다.

모바일 쇼핑의 디자인은 고객이 상품을 빨리 파악할 수 있도록 돕고, 이동 시간이나 여유 시간에 빠르게 구매할 수 있도록 유도해야 합니다. 그 방법은 다음과 같습니다.

첫째, 상품 사진이 적어야 합니다.

둘째, 필요 요소만 담아 짧게 설명합니다.

셋째, 상세페이지(상품의 상세 설명페이지)의 용량이 적어야 합니다.

'사진과 설명이 적어야 한다고?' 라며 의문을 가질 수도 있지만 오히려 자세한 설명이 고객으로 하여금 망설이게 합니다. 예컨대, 세계 최대 쇼핑몰인 아마존의 상세페이지만 봐도 알 수 있습니다. 사진은 많으면 3컷, 텍스트는 사이즈나 사용 방법만 간략하게 설명해 스크롤 2~3번이면 고객이 구매할 수 있습니다.

흔히 말하는 '스크롤의 압박'을 벗어나 간략하지만 필요한 정보만을 담은, 즉 심플하지만 알짜 상세페이지를 제작하는 것이 온라인 마켓 디자인 트렌드를 따라가는 것이라고 할 수 있습니다.

SECTION 02 모바일 시장에서 살아남는 디자인 트렌드

소셜커머스에서 판매를 시작하면서 상세페이지의 트렌드가 크게 변화했습니다. 상품 설명은 간략하게, 요점 정리를 먼저 보여주고 빠른 시간 내에 상품을 구매하게 하는 특징을 가지고 있습니다. 소셜커머스의 상세페이지로 트렌드를 파악하고, 변화하는 상세페이지의 흐름을 알아보겠습니다.

소셜커머스와 오픈마켓의 상세페이지 레이아웃 비교

모바일 시장이 확대되며 소셜커머스 시장도 함께 성장하게 되었습니다. 이에 따라 그 동안 제작해 오던 상세페이지에도 변화가 요구되고 있습니다. 이유는 아래와 같습니다.

첫째, 모바일 기기가 다양해지며 상세페이지의 사이즈, HTML 소스 코드, 플래시, 동영상 사용 여부 등에 최적화 필요성이 높아졌습니다.

둘째, 모바일 쇼핑을 방해하는 과도하게 많은 상세페이지 내 광고영역과 상품개수를 조절해야 합니다.

셋째, 오픈마켓 상세페이지에 체류 시간이 증가하면 구매자들이 상품 결정에 어려움을 겪으며 이탈하는 현상이 발생합니다.

넷째, 소셜커머스의 발달로 구매자들의 구매 패턴이 변화하며 구매자들의 구매 결정이 쉽고 빠르게 변화하였습니다.

1. 메인 타이틀
2. 이벤트 / 공지 / 기획전
3. 다른 페이지의 판매자 물품 요약
4. 상품의 이미지 표현
5. 상품의 설명 및 정보(사이즈 등)
6. 상품별 표기사항
7. 배송 정보 및 유의사항

▲ 과거 오픈마켓 레이아웃

2013년까지의 오픈마켓 상세페이지는 위의 그림과 같았습니다. 특히 필요악이라 할 수 있는 '다른 페이지의 판매자 물품 요약'을 이용해 판매자들은 하나의 상품 코드 내에 많은 상품을 노출하여 자신의 다른 상품 판매까지 유도하는 경우가 잦았습니다. 하지만 점점 이러한 영역이 넓어져서 오히려 구매자가 클릭한 상품을 상세페이지에서 찾기가 사막에서 바늘 찾기와 다름없을 정도로 어려웠습니다.

1. 구매 전 확인사항
2. 메인 이미지
3. 해당 페이지 판매자 물품 요약 및 가격
4. 상품의 전체 통용 정보(사이즈 등)
5. 상품의 설명 및 정보

▲ 현재 소셜커머스 레이아웃

하지만 소셜커머스는 리스트 이미지에서 보고 온 상품을 '해당 페이지의 판매자 물품 요약 및 가격' 영역에서 바로 볼 수 있고, 가격도 확인할 수 있습니다. 이러한 상세페이지는 구매자 입장에서는 빠른 상품 결정과 페이지 체류 여부를 결정할 수 있기 때문에 결제로 연결하는 데 시간을 허비하지 않게 되었습니다. 이러한 부분이 많은 구매자의 온라인 쇼핑 습관을 바꾸어 놓았습니다. 기존에는 싼 상품을 찾기 위해 헤맸다면 지금은 짧은 시간에 내가 원하는 상품을 빠르게 결정하는 데 초점을 두게 됐습니다. 짧은 자투리 시간이나 버스, 전철과 같은 대중교통으로 이동하면서 스마트폰으로 검색하고, 목적지에

도착하기 전에 상품을 결정하는 모바일 시대에 맞춰 발빠르게 대응한 소셜커머스 시장이 갈수록 성장하는 이유입니다. 이러한 시장의 변화에 맞게 G마켓, 옥션 등 전체 소셜커머스에서는 상세페이지 제작 템플릿과 레이아웃을 제공하고 있습니다.

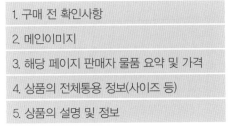

▲ 소셜커머스 레이아웃

▲ G/A 상세페이지 레이아웃

위 이미지는 소셜커머스와 G/A(G마켓과 옥션)의 상세페이지 레이아웃 비교입니다. 소셜커머스의 3번 영역과 G/A의 2번은 같은 부분입니다. 이 외에 G/A 레이아웃에서 눈에 띄는 부분은 추가구성정보 영역과 광고홍보 영역으로, 하나의 상품코드 내에 붙여 판매할 수 있는 상품들을 홍보하는 영역을 사용할 수도 있습니다.

소셜커머스는 딜 형태로 진행되고, 판매 전반을 MD가 관리하기 때문에 판매자가 상품을 각 딜 별로 협의 후 제작하여 등록해야 합니다. 하지만 오픈마켓은 판매자가 직접 물건을 선정하고 제작해서 상품을 원하는 대로 판매할 수 있습니다. 그만큼 판매자의 상세페이지 제작의 자율성이 보장되지만, 그 자율성으로 인해 최적화되지 않은 상세페이지를 제작하는 경우가 자주 발생합니다. G/A에서 제공한 레이아웃과 템플릿을 사용하면 훨씬 쉽고 트렌드에 가까운 상세페이지를 제작하는 데 도움을 받을 수 있습니다. 오프라인 매장에서 상품을 고르더라도 쇼윈도에 있는 옷을 보고 상점 안으로 들어가 옷걸이에서 꺼내어 거울에 비춰보는 행동패턴과 같다고 볼 수 있습니다.

구매자가 상품 전체를 훑을 수 있는 부분을 반영한 '3. 해당 페이지 판매자 물품 요약 및 가격(옵션리스트 영역)' 영역이 필요하며, 많은 오픈마켓 판매자들 역시 이 부분에 발 빠르게 대응하고 있습니다.

리뷰, 텍스트와 이미지를 조합한 디자인으로 SEO와 최적화가 이루어진 상세페이지가 트렌드로 대두되었습니다. 이에 따라 해당 마켓별 에디터를 주로 사용하며 최적화를 할 필요가 있습니다. 자세한 설명은 뒤에 이어질 내용을 참고해 주세요.

상세페이지 제작 단계

상세페이지를 제작하기 위해서는 내용, 디자인, 사진, 상품 등록 등의 기능을 숙지해야 합니다.

내용은 엑셀, 한글, 메모장, 파워포인트 등을 이용하여 철저히 준비해야 하고, 디자인의 콘셉트를 잡았다면 상품의 어떤 부분을 촬영할지 생각하고, 포토샵 작업은 내용과 사진으로 철저히 준비해 포토샵 전체 제작을 마쳐야 합니다. 그 후 호스팅 서버에 이미지를 올려 상품 등록 준비를 마쳐야 합니다.

작업 기간을 최대한 줄이기 위해서는 단계별로 해당 작업만 진행해야 합니다. 오픈마켓 신규 창업을 준비하는 분들을 많이 만나보았지만, 생각보다 컴퓨터 활용도가 높은 이들이 많지 않습니다. 그러니 더욱 차근히 준비를 해야 합니다.

▲ 상세페이지 제작 시 준비 과정과 작업 순서

STEP 1 디자인 콘셉트 구상 및 참고 이미지 검색

STEP 2 내용 준비

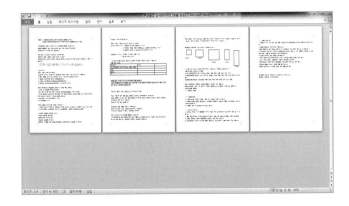

사진 촬영

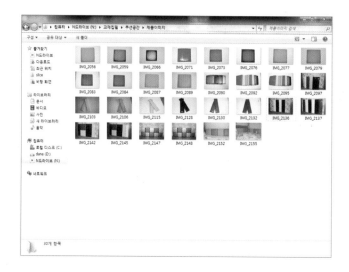

STEP 4 상세페이지 작업 - 포토샵 작업

이런 순서로 상세페이지를 디자인할 때는 어떻게 작성해야 하는지 순서를 정하고, 단계별로 준비해야 합니다. 그래야 포토샵을 열고 무엇을 해야 할지, 어디서부터 제작해야 할지 혼란스럽지 않게 효율적으로 제작할 수 있습니다.

03 쇼핑몰 사장님은 디자이너가 아니다. 기획자다!

디자이너가 아닌 쇼핑몰 운영자가 꼭 알아야 할 벤치마킹, 색 선택, 서체, 레이아웃 등
상세페이지 디자인 기획하는 방법에 대해서 알아보겠습니다.

쇼핑몰 창업을 준비하는 예비 창업자들 중 더러는 이상하게도 컴퓨터 학원의 포토샵 수
업부터 수강하러 가는 사람들이 종종 있습니다. 디자이너가 되려는 것이 아닌데도 디자
이너 지망생들과 함께 공부하고 정작 온라인 쇼핑몰은 배우지 못하는 경우가 많습니다.

오랫동안 쇼핑몰, 상세페이지, 오픈마켓에 대해 교육을 하면서 직접 모든 것을 만들려는
판매자들을 볼 때마다 쓴소리를 하지 않을 수 없습니다. 물론 상세페이지는 중요합니다.
상품을 등록하기 위해서는 일단 상세페이지가 필요하기 때문이죠.

하지만 고객의 입장에서 보면 상황은 다릅니다. 일단 그 상품을 클릭하고 들어와야 상세
페이지도 볼 수 있습니다. 이 때문에 일단 상품을 판매해 보고 유입 분석을 한 다음, 고
객이 내 상품에 접근은 많이 하지만 상품이 잘 팔리지 않을 때 상세페이지를 잘 만들기
위한 노력을 기울여야 합니다. 그때 필요한 것이 상세페이지 기획입니다.

판매자는 단순히 모델이 예쁘고, 디자인이 아름다운 페이지를 놓고 '잘 만든 상세페이지'
라고 생각할 수 있습니다. 하지만 그것이 전부일까요? 잘 만든 상세페이지란 제품에 대
한 궁금증을 유발하고, 구매자와 공감을 일으켜 구매전환율을 높이는 페이지라 할 수 있
습니다.

그렇다면 잘 만들어진 상세페이지란 구체적으로 어떤 특징을 가지고 있을까요? 예를 들
어, 일반적인 온라인 판매자는 도매업, 제조업 분야 종사자보다는 도매상에게서 상품을
구매하는 소매 업체가 대다수입니다. 각기 다른 A, B, C 판매자가 있다고 가정할 때 이
들은 같은 도매업체에서 같은 상품을 구매해 소매로 판매할 수 있습니다. 이들이 동일한
판매 가격, 상품, 같은 마케팅을 가지고 있을 때, 잘 만든 상세페이지의 힘이 필요합니
다. 이 힘을 다른 말로 하면 '콘셉트'라고 할 수 있습니다.

상세페이지의 콘셉트는 '정확한 타깃팅이 된 페이지' 또는 '명확한 주제를 가진 페이지'
입니다.

▲ 동일한 상품을 여러 판매자가 판매할 때 일어나는 구매 전환 과정

상세페이지의 콘셉트를 구체화 하기 위해서는 아래의 사항들이 필요합니다.

STEP 1 상품에 대한 이해

STEP 2 주 고객층 파악

STEP 3 단어 나열을 통한 디자인 콘셉트 잡기

STEP 4 디자인 콘셉트와 비슷한 사이트를 검색하고 참고 자료 수집

STEP 5 내 상품과 동일한 상품을 파는 상위 랭크된 판매자의 상세페이지 내용 참고

직접 상품을 기획했다면, 그 상품을 이해하고 사용해 봐야 합니다. 홈쇼핑의 쇼호스트들이 상품에 대해 자세하고 막힘 없이 설명을 이어갈 수 있는 이유는 바로 상품을 적어도 일주일 이상 사용하며 장점과 단점을 직접 체험했기 때문입니다. 경험에 따른 진정성을 체감한 고객은 자신도 모르게 전화번호를 누르게 되죠. 고객의 입장에서 듣고 싶어 하고, 알고 싶어 하는 이야기를 상세페이지 내에 녹여야 합니다.

따라서 고객이 원하는 디자인과 내용을 위해 보편화되고 이해하기 쉬운 상세페이지를 제작해야 합니다. 다음의 예를 통해 구체적으로 상세페이지의 콘셉트를 끌어내 보겠습니다.

상세페이지 콘셉트 잡기 예시

상품 : 쌀

- **상품에 대한 이해** : 원산지, 수입 여부, 수입(추수) 일자, 중량, 포장, 사업신고, 품종 등 고시 정보
- **주 고객층** : 가정주부
- **단어 나열 디자인 콘셉트 잡기** : 들판, 밀짚모자, 허수아비, 파란 하늘, 벼, 농부, 트랙터, 햅쌀 등 디자인적인 요소로 글꼴 궁서체, 벼(햇살)의 노랑색을 포인트 컬러를 사용한 디자인에 '정겹다'는 멘트와 농사 짓는 모습 사진을 넣어도 좋은 예가 되겠습니다.

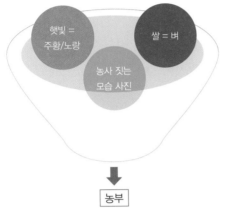

▲ 상품 콘셉트를 잡아가는 과정

▲ 콘셉트를 잡은 상세 홍보 이미지 예제

이러한 콘셉트화 및 주제화 작업은 끊임없는 데이터 검색과 고객 성향 파악, 디자인 트렌드를 따라가려는 노력이 뒷받침되어야 합니다. 상품을 기획한 의도와 판매 및 구매 의도를 숙지하여야 판매 신장에 도움이 되도록 디자인할 수 있습니다.

상세페이지 제작 시 알아두면 유용한 사이트 목록

❶ Awwwards(https://www.awwwards.com/)
Awwwards는 다양한 나라의 개성만점 포트폴리오를 감상할 수 있는 최고의 웹 디자인 사이트입니다.

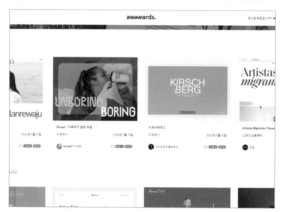

❷ 랭키닷컴(http://www.rankey.com)
사이트 순위를 나타낸 사이트로 카테고리별로 가장 인기도가 높은 쇼핑몰을 찾을 수 있습니다.

❸ Fress PSD files(http://freepsdfiles.net/)
여러 종류의 PSD 파일을 무료로 공유하는 사이트로 필요한 엘리먼트(요소)들을 다운로드할 수 있습니다.

❹ 저작권 무료 이미지 사이트 : 언스플래쉬 (https://unsplash.com/)
고해상도의 감각적인 사진들이 10일마다 10장씩 업로드돼. 무료로 다운로드할 수 있습니다.

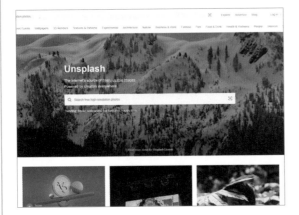

❺ 디비컷(dbcut.com)
웹디자인 평가 및 우수 웹사이트를 한 눈에 볼 수 있습니다. 오픈/리뉴얼 사이트에 대한 정보부터 모바일웹, 반응형웹 등 다양한 디자인과 유형을 알 수 있습니다.

❻ 지디웹(https://www.gdweb.co.kr/main/)
디자인콘셉트, 타깃 등을 설정하여 원하는 디자인을 빠르게 찾을 수 있습니다.

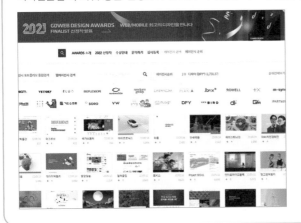

CHAPTER
02

상세페이지, 디자인 업체
vs Self Making

전문 디자인 업체와 판매자가 직접 만드는 상세페이지의 가장 큰 차이는 무엇일까요? 바로 저작권을 가진 이미지의 수량과 기획력입니다. 디자이너와 비디자이너의 상세페이지 제작 비밀 노트를 알아보겠습니다.

SECTION **01 디자인 업체의 상세페이지 제작 비밀 노트**

디자인 업체는 우선으로 판매자와 인터뷰를 진행하여 상품의 이해부터 시작합니다. 그 뒤에 자료 검색을 하고 소스들을 배치하며 상세페이지를 구성해 갑니다. 제작한 상세페이지를 납품하고 2차례의 검수를 거쳐서 최종 완성본을 납품하게 됩니다. 업체의 가장 중요한 부분은 파일 관리입니다. 자료를 모으고 소스를 보유하는 것. 이것이 디자인 회사의 자산이자 비밀 노트라 할 수 있습니다.

▲ 유료 이미지 사이트 중 하나인 클립아트코리아

유료 이미지 사이트

디자인 업체들은 연간 단위로 유료 결제해서 이미지를 사용하는 사이트들이 있습니다. 대표적인 예로 아사달, 클립아트코리아, 게티이미지 등이 고해상도의 이미지를 제공하는 사이트들입니다. 디자인의 모든 것을 직접 제작하기보다는 이미지 소스를 구매한 뒤 최대한 활용하여 제작하는 경우가 많습니다.

잡지나 다양한 매체 스크랩

현직 디자이너들도 잡지나 여러 매체들을 통해 다양한 카피 문구, 이미지와 타이틀의 배치 등 레이아웃을 끊임없이 공부합니다. 색상, 사진의 구도, 배치의 미학은 트렌드의 변화에 따라 계속 공부해야 할 부분입니다. 따라서 좋은 자료를 스크랩하고 잘 만든 상세 페이지를 캡처하는 등의 노력을 기울이면 디자이너 자신만의 보물창고인 스크랩북을 만들 수 있습니다.

▲ 매체 이미지 스크랩 예시

소스 자료 모음

상세페이지를 제작할 때 자주 쓰는 글꼴, 제작 틀, 포토샵 기능들이 있습니다. 소스 자료는 디자이너의 무기와 다름 없기 때문에 항상 저장소에 백업해 놓고 어느 환경에서도 작업할 수 있도록 준비해 두어야 합니다.

▲ 소스 모음 폴더

▲ 폰트 모음 PSD

경쟁자 벤치마킹

1위 판매자를 벤치마킹하는 것은 상품을 모르는 디자이너에게 가장 중요한 공부가 됩니다. 상품 데이터 검색과 이론 공부와 더불어 상품 설명 영역별로 자료를 모으는 것도 상세페이지 디자이너가 중시해야 하는 부분입니다.

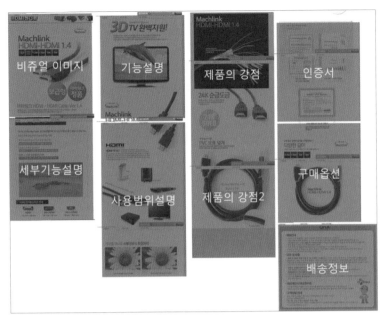

▲ 경쟁사의 벤치마킹 예시

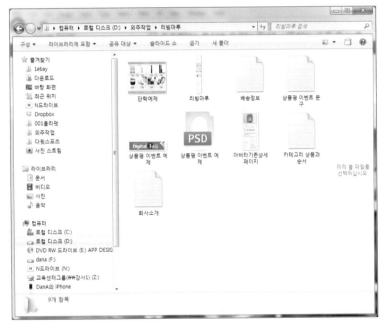

▲ 내용 정리와 참고 이미지 관리

처음 온라인 마켓을 시작하는 판매자라면 대다수가 1인 기업입니다. 이들은 보통 타사의 상세페이지를 벤치마킹하고, 포토샵의 기본 기능을 이용하여 소위 짜깁기하는 비밀 노트(?)를 가지고 있습니다. 이 비밀 노트에 약간씩의 팁을 드리겠습니다.

포토샵 배우기

PART 2부터 포토샵의 기초부터 상세페이지 완성까지 따라하기를 통해 안내할 것이지만 그래도 포토샵이 익숙하지 않고, 컴퓨터가 익숙하지 않다면 구청이나, 주민센터에서 제공하는 컴퓨터 기초 교육을 먼저 수강해 보는 것도 추천합니다. 컴퓨터에 익숙하다면 국비 지원으로 하는 디자인 교육 중 단과반으로 포토샵 과정이나 온라인 웹디자인 과정을 수강하는 것을 추천합니다.

사업주, 재직자, 실업자를 위한 창업 준비 등 다양한 교육은 '직업훈련포털 HRD-Net (www.hrd.go.kr)'에 자세히 나와 있으니 참고하기 바랍니다. 시간적인 여유가 부족하다면 카페24, 11번가 판매자센터, 이베이에듀 등 온라인 마켓에서 단기 특강으로 운영하는 유/무료 교육을 수강하는 것도 추천합니다.

온라인상 자료의 저작권 여부 확인 후 사용하기

최대한으로 비용 절감을 하기 위해서 블로그의 이미지나 글꼴을 무료라 여기고 다운로드 해 사용하는 경우가 더러 있습니다. 자료 저장 시에는 꼭 상업적으로 무료 저작권이라는 문구를 확인하여야 하고 없다면 되도록이면 사용하지 않는 것을 권합니다. 법적 분쟁에 휘말리게 되면 많은 서류부터 사업, 배송, 디자인, 등록 등 1인 기업으로 홀로 싸워가야 할 일이 많으므로 정신적 · 신체적 · 물질적 피해가 더 클 수 있으니 처음부터 조심하고 사용하길 추천합니다.

찌그러진 이미지, 퀄리티 나쁜 이미지 사용 금지

웹서핑 중 마음에 드는 이미지를 발견 후 복사하거나 저장해 사용하는 경우가 많습니다. 이때 유의해야 할 점이 웹서핑 중에 발견한 이미지는 보통 웹으로 업로드 시 jpg, gif 등으로 압축된 이미지라서 해상도가 매우 낮은 경우가 많다는 것입니다. 훼손된 이미지는 쓰지 않는 것이 상세페이지의 질을 높일 수 있습니다. 또한 타사의 로고가 그대로 들어간 이미지를 사용하는 경우도 종종 볼 수 있습니다. 이들은 워터마크라 불리며 불법이나 무단 사용을 하지 못하게 막아 놓은 이미지이므로 그대로 사용하면 문제가 생기는 경우가 있습니다.

▲ 깨지거나 복사한 부분이 보이는 이미지

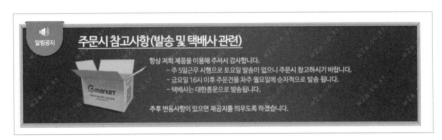

▲ 워터마크가 찍힌 이미지

사용하는 색상은 2가지+회색/흰색/검정의 조화가 좋다

컬러 매치(색 조합)는 항상 판매자의 숙제로 안겨져 있습니다. 사용하는 색상의 수는 적을수록 좋습니다. 사진 자체에 색이 많이 담겨 있기 때문에 사진과 조합하는 배경 등은 굳이 색을 많이 사용하지 않아도 됩니다. 색을 활용할 때는 원색 계열 색보다는 조금 더 채도가 높거나 낮은 색을 추천합니다. 원색은 색이 강하기 때문에 상품 사진에 시선이 잘 가지 않기 때문입니다. 빨강보다는 진한 빨강이나 핫핑크를 추천합니다.

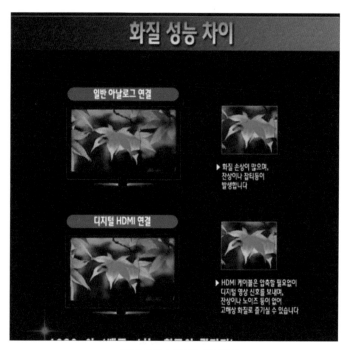

▲ 판매자의 상세페이지 예시

▲ 디자인 업체의 상세페이지 예시

디자인 작업 시 유의사항

디자인 업체와 판매자가 만나게 되면 판매자는 상품에 대한 설명을 하고 업체는 상세페이지 제작을 기획하게 됩니다. 업체 미팅에서의 협의 내용에 따라 상세페이지의 형태가 변경될 수 있습니다. 협의 시 유의사항에 대해서 어떤 부분이 있는지 꼼꼼하게 알아보도록 하겠습니다.

SECTION 01 디자인 업체 유형 선정

판매자(사업주)가 만나게 될 디자인 업체는 프리랜서 디자이너와 디자인 업체로 나눌 수 있습니다. 프리랜서 디자이너는 업체에 소속되지 않은 개인 디자이너입니다. 이 둘은 비용 및 신뢰도, 작업 속도 등에서 각각의 장단점이 있습니다.

디자인 업체를 선정하는 부분부터 판매자는 많은 고민을 하게 됩니다. 업체와 작업을 진행할지 프리랜서와 함께 일할지를 결정하고 나서 어떤 업체가 좋은지. 또는 어떤 프리랜서가 좋은지 알아보게 됩니다. 프리랜서와 함께 작업할 때는 디자이너 신뢰 여부, 디자인 작업 일정 지연 가능성 등의 위험 부담을 안게 됩니다. 하루 빨리 제작하여 판매를 진행해야 하는 만큼 신중하게 결정해야 합니다.

프리랜서와 작업하는 경우

프리랜서 디자이너를 기용해 작업하려면 '크몽(kmong.com)', '라우드소싱(loud.kr)', '숨고(soomgo.com)' 사이트를 추천합니다.

크몽은 재능마켓으로 디자인, 명함, 번역 등의 여러 재능을 가진 프리랜서와 구매 희망자 사이에서 중개의 역할을 한다고 볼 수 있습니다. 크몽은 중개 수수료를 받고 중개 업무를 하므로 사기 방지와 기한 지연 등에 대하여 구체적인 사항을 확인하고 작업을 의뢰할 수 있습니다.

개인 쇼핑몰의 경우 단품류의 상세페이지 의뢰에 적합합니다. 하지만, 크몽을 비롯하여 카페, 블로그에서 만나는 프리랜서의 경우 조심해야 할 점이 있습니다. 수정 횟수가 제한적이고, 기한에 맞추지 못하거나 때에 따라선 디자이너와의 연락 두절 상황 등이 발생할 수 있습니다. 충분한 디자이너와의 커뮤니케이션은 물론 타 이용자의 후기를 보고 작업을 의뢰하는 것을 권장합니다.

디자인 업체와 작업하는 경우

디자인 업체는 프리랜서에 비하여 인증 업태 특성상 간이사업자가 불가능하므로 세금계산서 발행도 편리합니다. 사진 촬영부터 상세페이지 등록까지 진행해 주는 업체가 대다수이므로 작업 시간도 단축시킬 수 있지만 프리랜서에 비해 비용이 비싸다는 것이 단점입니다.

여타의 온라인 판매 상품들에 비해 고가인 상품이나 온라인 런칭 상품인 경우에는 디자인 업체와 작업하는 것을 추천합니다. 이 경우 유지보수가 가능하며 시안 수정 및 초기 판매자의 경우 판매에 대한 기초지식도 얻을 수 있다는 장점도 가지고 있으니 업체와 관계를 잘 유지하는 것이 좋습니다.

또한 디자인 업체의 경우 상세페이지 제작 경험이 많기 때문에 상품 정보 고시, 저작권 (Copyright), 기획 등이 가능합니다. 업체에서 제공하는 작업 포트폴리오를 보고 업체의 실력을 확인한 다음 담당자와의 커뮤니케이션이 원활한 업체와 진행하는 것이 좋습니다.

SECTION 02 상세페이지 제작의뢰서 작성 요령

디자인 업체에서 사용하는 상세페이지 제작의뢰서 내용과 진행되는 절차에 대해서 알아보겠습니다.

디자인 업체와의 진행은 직접 미팅 또는 메일, 메신저로 내용을 주고받는 경우가 많습니다. 기초 내용은 주로 통화로 상담 후 상품기획서를 작성하여 메일로 내용을 주고 받게 됩니다.

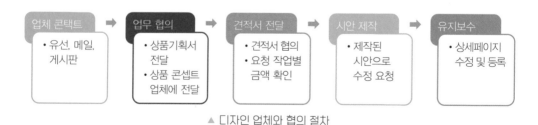

▲ 디자인 업체와 협의 절차

기획서에는 오픈마켓형, 기획형, 개인쇼핑몰형(단품페이지) 중 쇼핑몰 형태를 먼저 결정하고 작성하게 됩니다.

기획서 기본 내용사항으로 아래와 같은 내용을 입력하게 됩니다. 또한 업체마다 제작의뢰서의 경우 세부사항에 차이가 있을 수 있으니 그 점은 유념해 주세요

제품명 : 예시) 커피나라 커피머신 CF100

순서	문안
기본사항	·○상세페이지 기재품명 ·○제품구매시 제공되는 구성품 ·○추가 옵션 (옵션 선택 시, 추가 비용이 발생하는 제품 예시) 포장 옵션 / 같이 구매 시 할인 옵션 ·○전체 중량 / 제품 무게 / 사이즈 예시) 가로 : 100cm, 세로 : 100cm, 높이 : 100츠 ·○구체적인 주요 타겟층 예시) 탈모로 스트레스 받고 있는 30대 직장인, 층간 소음으로 스트레스 받는 분들 ·○예상 판매가 / 이벤트 예시) 단품 가격 10,000원 / 세트 가격 17,000원/ 1+1 가격 15,000원
주요 핵심 키워드 (판매 포인트)	핵심 키워드 (필수) (상세페이지 내에서 핵심적으로 다룰 포인트) 예시) 차별점, 강점, 특별한 점 (중요한 순서대로 나열)
상세페이지 컨셉 분위기	예시) 흰색 배경의 깔끔한 이미지, 고급스러운 블랙톤, 다채로운 색감의 이미지
브랜드 소개 (도입부)	예시) 000은 현시대의 Life Style을 과학적으로 분석하여, 00와 00 모두에게 만족을 드릴 수 있도록 꾸준히 연구, 개발하는 000 CARE 전문 브랜드 입니다."
제품 메인이미지	예시) 패키지 디자인, 제품 사진 첨부
제품 특징	*중요한 순서대로 작성해 주시되, 제품의 특징과 함께 최대한 자세하고 구체적으로 설명해 주세요. 잘못 된 예시) oo불고기는 특제 양념을 입힌 뒤 자연 연육과정을 거친 뒤 저온숙성합니다. (x) 바른 예시) oo불고기는 사과와 배 원액을 추출하여, 양조간장과 배합하여 만든 특제 양념을 사용합니다. 이렇게 양념을 입힌 고기는 ~한 방법을 통해 자연적으로 연육하고 있습니다. 고기는 0℃에 가까운 저온에서 숙성합니다 (O) 특징1 특징2 특징3
인증서	특허출원, 허가증, HACCP 인증 등 제품에 관련된 각종 인증서
시험결과 자료	*시험결과 자료가 있으시다면 반드시 전달해 주셔야 반영됩니다
제품사용방법	사용 순서대로 적어주세요
제품 배송 안내사항	
제품 주의사항	
자사몰 웹페이지 주소	
[기획 참고] 사이트	원하시는 기획 레퍼런스가 있으시면 링크를 첨부해 주세요
[디자인 참고] 사이트	원하시는 디자인 레퍼런스가 있으시면 링크를 첨부해 주세요.

▲ 상세페이지 제작의뢰서 원본 예시

사이트

운영하고 있는 쇼핑몰 또는 사이트와 판매 중인 상세페이지가 있는 경우 기입합니다.

참고 이미지(벤치마킹)

사업주가 선호하는 스타일을 확인할 수 있는 사이트 주소 또는 이미지를 설명하는 영역으로 이 부분에 원하는 디자인에 따라 견적 비용이 달라집니다. 오픈마켓(G마켓, 옥션, 11번가, 인터파크)에서 자신이 원하는 스타일의 상세페이지 또는 URL을 기입하여 작업자가 알아볼 수 있도록 해 주고 견적에 대해 협의를 해야 합니다.

최종 제작 기일

제작 완료 일정, 예를 들면 작업 소요 기한 10일, 혹은 다음달 10일까지처럼 구체적인 작업 마감일을 기입하는 영역으로 디자인 업체와 판매 업체와의 스케줄 협의가 이루어지는 부분입니다. 제작은 보통 순수 작업 기한으로 3~4일이 소요되지만, 업체가 바쁜 경우 한 달 가량을 기다려야 할 수 있으므로 상품 샘플이 나와 있다면 샘플로라도 먼저 제작에 들어가 기한을 맞춰보는 것이 좋습니다.

상세페이지 제작 유형과 발주 작업 사항

- 오픈마켓 상세페이지 제작

- 소셜커머스 상세페이지 제작

- 단품 상세페이지 제작

- 기획 상세페이지 제작

- 촬영 대행

- 제품 판매 대행

- 오픈마켓 상품 등록 대행

제작 상품 기본 정보

제품에 대한 기본 정보를 나타내는 부분으로 상품의 옵션 수량을 표시하고 상품의 이름을 표기하는 부분입니다. 중요한 부분으로는 사진과 상품을 쉽게 알아볼 수 있도록 상세하게 적어 주는 것이 좋습니다. 상품명 / 컬러 / 수량 / 옵션(예, 3가지 상품마다, 각 상품마다 5가지 색상) / 옵션 이름 등을 정확한 명칭으로 표현하여 적어 주세요.

제작상품 상세정보

제품의 크기, 특성, 제품 정보 고시 내용, 상점 소개 등을 기입하는 영역입니다. 기본 정보 외에 재질, 용량, 인증서, 인증마크 등이 있으면 상세 정보 영역에 기입하세요.

배송정보

배송과 관련된 사항에 대해 기입하여 환불, 반품, 배송규정을 전달해야 합니다. 판매자별로 배송업체, 환불 규정 등은 상이하므로 꼭 확인하고 기입하길 권장합니다.

잘 만든 상세페이지는 벤치마킹부터 시작됩니다!

만들어진 상세페이지를 프린트한 다음 옆에다 그 내용을 적어보세요. 아래의 내용(상세페이지 기획의 기본)이 들어가 있는지 확인하면서 메모하시면 좋습니다.

❶ 리뷰이벤트, 2개 이상 구매 시 혜택
❷ 이 상품을 사지 않으면 위험하다는 것을 알리는 내용(니즈 유발).
❸ 왜 필요한지 필요성을 상기시키는 내용
❹ 타사 제품과의 차이점을 강조하는 내용
❺ 함께 사면 좋은 추가 상품의 나열
❻ 배송 안내

아래는 저희 수강생이 직접 만든 상세페이지입니다. 참고로 보시고 여러분들도 만들어보세요.
http://bananab2b.mallup.co.kr/product/content.asp?guid=524030

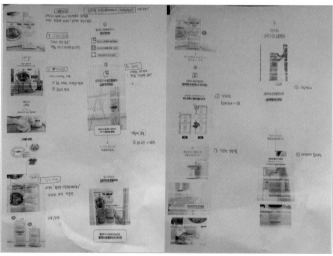

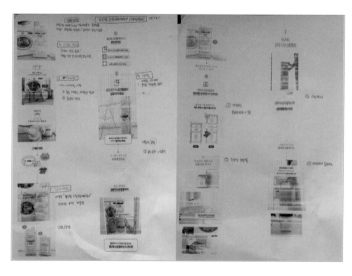

기타 유의사항

작업의뢰서까지 준비하고 나면, 이제 다 끝났다 싶어질지도 모릅니다. 하지만 그 외에 별거 아니라고 생각했다가 나중에 낭패를 당할지 모르는 유의사항들에 대해 정리했으니, 꼭 기억해 주세요.

앞선 단계들을 다 거치고나면, 상세페이지 디자인 작업과 아주 관계있는 것은 아니지만 알아두면 좋은, 혹은 신경 쓰지 않고 있다가 나중에 알아차려 난처해질 수 있는 사항들이 있습니다.

디자인 업체와의 미팅에서 확인해야 하는 사항들을 정리했습니다.

추가 확인 사항

원본 파일 수령 및 상품 이미지 제작 여부 확인해야 합니다. 또 디자인 업체마다 배송페이지를 제작해 주는 회사가 있는가 하면 아닌 회사도 있기 때문에 협의하여 진행해야 합니다. 원본 psd 파일은 견적을 주고받는 과정에서 비용이 추가로 발생할 수 있습니다.

디자인 견적 및 단가

디자인 견적을 미리 알고 있으면 창업 시 발생할 비용에 대해 예산을 짤 수도 있고, 디자인 업체와 협의 시 유리하겠죠. 다만, 디자인 단가는 디자인 업체마다 그리고 디자이너마다 차이가 있을 수 있으니 아래 가격은 가이드라인 정도로 생각해 주세요.

견적가는 프리랜서의 경우 다음과 같습니다.

누끼 작업 : 1,000원~3,000원선
상세페이지 작업 : 단품 기준 10,000원~ 50,000원선(옵션별로 차이가 있을 수 있음)
기획 상세페이지 : 사진 없을 시 500,000원~
　　　　　　　　　　사진 추가 시 1,000,000원~

디자인 업체의 경우는 아래의 기본단가표(부가세별도)를 확인하세요.

촬영	상품등록	누끼 작업	단품상세페이지	오픈마켓형	기획형
20,000원/제품당	3,000원/건당	1,000원/개	30,000원~	120,000원~	1,000,000원~

오픈마켓의 시장이 허물고 뉴-이커머스 시장이 열렸습니다. 기존 쇼핑시장의 절대강자였던 이베이코리아(지마켓/옥션), 11번가 시장점유율이 줄어들고 네이버와 쿠팡이 성장하여 그 자리를 차지했고, 이에 따라 상세페이지 디자인의 트렌드도 함께 변화하게 되었습니다.

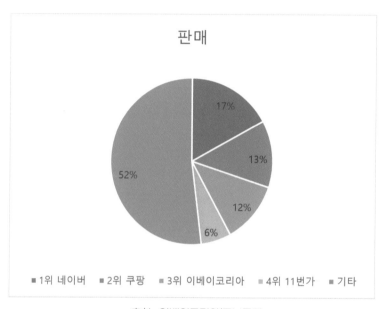

▲ 출처 : 이베이코리아/교보증권

잘 팔리는 상세페이지

기본기가 있다면 상세페이지는 결국 기획싸움이 됩니다. 세계적인 이커머스 트렌드를 봤을 때 상세페이지를 신경써서 만드는 국가나 커머스 플랫폼도 있지만 우리나라처럼 상세페이지에 아주 심혈을 기울이는 나라는 없습니다. 하지만 우리가 집중해야 할 것이 있습니다. "리뷰"가 없는 제품은 고객이 구매하지 않는다는 것! 소비자 입장에서 생각해보세요. 상세페이지에 상품 정보가 가득하더라도 리뷰가 없다면 구매하기 꺼려질 겁니다. 쉽게 두 가지의 사례가 있다고 생각해보겠습니다.

사례1

품질에 집중하여 제조한 상품으로 상품촬영비와 제작비만 300만원이 투자된 상품페이지. 리뷰 숫자 2개.

사례2

제조사가 제공하는 샘플이미지와 중간중간 텍스트만 가미한 상품페이지. 이미 고객들이 알고 있는 트렌디한 상품. 등록 2개월 동안 44개의 리뷰가 쌓인 상품.

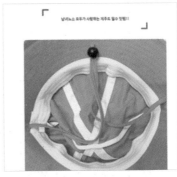

동일한 제품의 예시는 아니지만, 두 가지 사례에서 한 가지는 분명하게 알 수 있습니다. 리뷰가 쌓인 상품과 인지도가 있는 상품에 있어서 상세페이지는 2차적인 작업이라는 것입니다.

여러분들은 심미적인 부분을 고려해 사례1의 상품페이지를 제작해야 한다고 생각할 수 있지만, 사례2의 상품이 훨씬 많은 판매와 고객의 후기를 불러왔습니다. 사례1을 제대로 활용하려면 마케팅을 더해서 고객을 유입시키고 후기가 쌓이기 시작해야 사례2보다 많은 매출을 노릴 수 있습니다. 즉, 고객을 맞이할 준비가 된 상세페이지로 성장하는데 시간과 노력을 더해야만 구매전환율이 높을 수 있습니다.

상세페이지 팁 大방출!

무료앱 소개

· MagicEraser, Store Camera : 배경 삭제
· eight.eight : 배경 합성 기능 및 잡지 느낌으로 변환
· Photoshop Fix : 이미지의 색상 조정
· Foodie : 인스타그램 느낌의 감성 사진 촬영

무료 폰트 추천

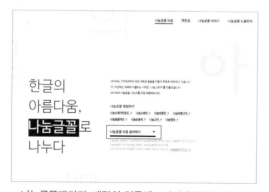

· 나눔글꼴패키지, 배달의 민족체 : 지자체/공공기관/기업에서 배포하는 상업적 이용 무료 폰트

스토어별 상세페이지 특징

판매를 부르는 상세페이지를 만들기 위해 타깃 고객의 이해와 더불어 상품이 매력적으로 보이도록 다양한 부분을 고민하며 발전시켜가야 한다는 것을 잊지 말아야 합니다.

1 쿠팡 상세페이지 특징

쿠팡은 옵션별로 대표이미지와 상품페이지를 만들어 주어야 합니다. 대표이미지는 배경이 투명한 누끼이미지를 사용해 구성이 뚜렷하게 보여야 합니다. 쿠팡의 고객들은 상세페이지를 잘 읽지 않고 대신에 상품 리뷰를 읽기 때문에 옵션별로 상품 대표이미지에 구성과 화질이 좋은 이미지를 배치하여 이것만으로도 구매전환이 이루어질 수 있도록 만들어야 합니다. 상세페이지를 잘 읽지 않기 때문에 "상품정보 더보기"의 버튼이 페이지 내 1000PX라는 높은 위치에 배치됩니다. 제일 중요한 것은 리뷰 수인데, 쿠팡리뷰단이 리뷰한 상품들이 상위에 노출되기 때문입니다.

▲ 왼: 대표이미지/오: 상세페이지

② 스마트스토어 상세페이지 특징

검색 엔진인 네이버를 기반으로 하는 스마트스토어는 상세페이지에 조금 더 신경 써야 합니다. 로직이나 상품을 등록하다 보면 느끼시겠지만, 블로그처럼 상품페이지를 올리도록 되어있습니다. 검색 엔진이라는 특징과 모바일 최적화된 플랫폼이라는 특징이 있기 때문에 상세페이지를 원페이지로 제작하기보다는 이미지와 텍스트를 함께 구성해야 효과적이며 높은 가산점수를 받을 수 있습니다.

▲ 스마트스토어 상세페이지 예시

쿠팡 판매의 80% 이상이 모바일로 이루어지기 때문에 모바일에서 보여지는 상세페이지가 중요한데, 상세페이지는 '상품정보 더보기'라는 버튼으로 모바일 이미지를 짧게 보여주고 있습니다.

❸ 자사몰 상세페이지 특징

마케팅을 통해 고객을 유입시켜서 구매전환을 도모하는 회사들은 자사몰인 경우가 많습니다. 이러한 자사몰의 상세페이지는 스마트스토어나 오픈마켓과는 다른 면을 갖고 있습니다. 예를 들면 GIF 이미지를 삽입하여 상품이 움직이는 모습을 제공해 매력적으로 보이게 합니다. 이미지 촬영 등 상세페이지 제작에 많은 돈을 투입하기도 합니다.

▲ 사용하는 방법을 움직이는 이미지인 GIF로 표현하기

GIF는 용량이 큰 편이라서 이미지를 불러들일 때 약간의 텀이 발생하므로 과도하게 많은 사용은 피하시고, 필수적으로 보여줘야 하는 시각적인 표현을 극대화 할 때 이용하시기를 추천합니다.

상세페이지를 위한
포토샵 기초 다지기

상세페이지를 제작하기 위해서는 이미지 제작/수정 프로그램인 포토샵의 사용 능력이 중요합니다. 포토샵에는 다양한 기능이 있지만 모든 기능을 익힐 필요는 없습니다. 포토샵에서 자주 사용하는 기능을 배우고, 수정하고 저장하는 방법만 잘 숙지한다면 디자이너가 없다 하더라도 오픈마켓을 처음 시작하기에 무리가 없습니다. 포토샵과 친해지고, 기능을 익혀봅시다.

CHAPTER
01

포토샵과 절친되기

친구라고 함은 모름지기 서서히 스며드는 것이라 했습니다. 포토샵 역시 그렇습니다. 많이 켜보고 열어본 사람이 포토샵과 친구가 되고 서로 가까운 사이가 될 수 있습니다. 쉬운 기능부터 익혀 천천히 포토샵과 친해지길 바랍니다. 이번 장에서는 포토샵을 실행하면 필수적으로 하는 파일 관리에서부터 색상 보정까지, 간단하지만 가장 중요한 기본기를 다져봅시다.

SECTION **01 포토샵이 하는 가장 기본적인 일**

포토샵은 이미지를 수정하고, 제작하고, 원하는 포맷으로 저장할 수 있는 프로그램입니다. 포토샵이 하는 일에 대해서 알아봅시다.

이미지 구분 : 비트맵 이미지와 벡터 이미지(RGB와 CMYK 색상 모드)

▲ 비트맵(Bitmap) 이미지 – RGB

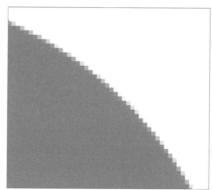

▲ 벡터(Vector) 이미지 – CMYK

1 비트맵 이미지 특징

픽셀 형태로 이미지가 저장되며, 확대하면 계단 현상이 발생합니다. 사진, 웹용 이미지 등에서 볼 수 있으며 색 표현이 다양합니다. 주로 포토샵, 그림판에서 제작하는 이미지로 jpg, gif, png의 확장자로 저장됩니다.

② 백터 이미지 특징

로고, 명함, 애니메이션에 사용되며 점과 점을 연결하여 함수 형태로 연산하는 방식으로 색을 표현하기 때문에 확대해도 깨지지 않아 출력용 인쇄물 이미지에 사용하는 방식입니다. 색 표현에 한계가 있고, ai, eps 확장자를 가지며 일러스트레이터로 제작할 수 있습니다. 포토샵에는 본 파일의 레이어 원본을 보관하는 Smart Object라는 기능이 있습니다.

포토샵에서 작업물들은 주로 비트맵 이미지의 픽셀 형태로 저장됩니다. 비트맵 이미지 작업 시 가장 중요한 부분은 픽셀이라는 작은 정사각형이 깨지지 않고, 좋은 품질의 이미지로 제작하는 데 초점을 맞춰야 합니다. 이미지의 크기를 자주 변경하면 이미지가 깨질 수 있기 때문에 특히 유의해야 합니다. 사진만을 보고 상품을 구매하는 고객에게 손상된 형태의 이미지를 제공하게 되면 고객이 제품을 받았을 때 사진과 실상품에 차이를 느끼게 되어 반품률이 올라가므로 조심해야 하는 부분이죠. 때문에 아래처럼 선명하지 않거나, 색이 다르게 표현되는 등 손상된 사진이 없도록 유의해야 합니다.

▲ 상품이 찌그러짐

▲ 깨진 상품 사진 화질

▲ 상품 색 변질

포토샵의 4가지 저장 방식

① PSD

PSD 파일은 PhotoShop Document의 줄임말로 포토샵의 기본 저장 파일 형식이자 작업 과정이 담긴 원본 파일입니다. 포토샵 프로그램에서만 실행할 수 있습니다.

② JPG

가장 일반적인 압축 형식의 이미지 확장자로 JPEG 압축 방식을 사용하며 퀄리티 조정으로 압축률을 선택할 수 있습니다. 압축률이 높아질수록 이미지가 뭉개지는 단점이 있습니다. 가장 일반적으로 사용하는 확장자입니다.

③ GIF

움직이는 이미지로 저장할 수 있는 확장자인 GIF 저장 방식은 원하는 색상 수를 최대 256개까지 선택하여 저장할 수 있습니다. 색상의 수가 한정적이므로 화질이 높지는 않지만, 움직이는 이미지로 저장하거나 투명하게 저장할 때 사용합니다.

4 PNG

JPG의 압축 방식과 GIF의 투명 이미지 저장 방식을 사용하는 포맷으로 최근 많이 사용되고 있습니다. JPG와 GIF의 장점을 모은 방식입니다.

오픈마켓에서는 대부분 JPG와 PNG를 사용하며 상세페이지 이미지는 JPG를 주로 사용합니다. 적은 용량에 비해 높은 화질로 저장된다는 이점 때문입니다.

상세페이지를 제작할 때는 포토샵 원본 파일인 PSD 파일과 고객이 보는 이미지 파일인 JPG 또는 PNG 파일로 저장하여 보관해야 합니다. 특히 PSD 파일은 레이어가 분리되어 있어 수정이 용이하지만 다른 파일들은 그렇지 않아 수정이 어렵습니다. 이 점에 꼭 유의하세요!

02 포토샵의 툴 이해하기

포토샵 인터페이스 중 왼쪽에 위치한 툴 바에서 자주 사용하는 툴에 대해서 알아봅니다. ★ 표시는 자주 사용하는 기능이므로 유념해 주세요.

❶ 이동 툴(Move Tool) ★ – V

이미지 또는 레이어를 이동, 삭제, 복제할 때 주로 사용합니다. 레이어를 바로 선택할 수 있도록 설정합니다.

❷ 선택 툴(Marquee Tool) ★ – M

레이어에서 이미지를 사각형 또는 원형, 가로 1픽셀, 세로 1픽셀의 형태로 선택 영역을 만들 때 사용합니다.

❸ 올가미 툴(Lasso Tool) ★ – L

레이어에서 이미지를 자유형, 다각형, 자석 형태로 선택 영역의 모양을 다양하게 만들 때 사용합니다.

❹ 빠른 선택 툴(Quick Selection Tool) ★ – W

선택한 레이어에 브러시로 그리면 색상 차이를 이용하여 선택 영역을 만들 수 있습니다.

❺ 자르기 툴(Crop Tool) ★ – C

캔버스를 늘리거나 분할하여 저장할 때 사용합니다.

❻ 스포이트 툴(Eyedropper Tool) 및 기타 툴★ – I

색상 번호를 알아보는 스포이트, 길이를 재는 자, 포토샵 문서에 메모하는 기능 등의 기타 도구입니다.

눈금자 툴(Ruler Tool) – 상세페이지의 길이나 수평을 맞출 때 주로 사용합니다.

❼ 스팟 힐링 툴(Spot Healing Brush Tool) — J

브러시로 칠하면 이미지의 잡티나 점들이 자동으로 복구돼, 피부 보정에 주로 이용합니다.

패치 툴(Patch Tool) — 넓은 범위를 힐링 브러시 툴처럼 사용할 수 있어 합성 효과를 나타낼 때 용이합니다.

❽ 브러시 툴(Brush Tool) 과 연필 툴(Pencil Tool) — B

그림을 그리거나 색을 칠할 때 이용합니다.

❾ 도장 툴(Clone Stamp Tool) — S

선택한 영역을 복제할 때 사용합니다.

❿ 히스토리 브러시 툴(History Brush Tool) — Y

히스토리 단계를 선택하고 화면을 되돌릴 때 사용합니다.

⓫ 지우개 툴(Eraser Tool) — E

레이어에 있는 그림을 지울 때 사용하며 'Background'에 레이어가 하나일 때는 배경 색상을 지웁니다.

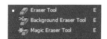

⓬ 그레이디언트 툴(Gradient Tool) — G

여러 가지 색상을 혼합한 색상을 칠할 때 사용합니다.

⓭ 블러 툴(Blur Tool)

드래그한 부분을 흐릿하게 하거나 반대로 선명하게 할 때 사용합니다.

⓮ 닷지 툴(Dodge Tool) / 번 툴(Burn Tool) / 스펀지 툴(Sponge Tool) — O

그림의 특정 영역을 밝게 / 어둡게 / 채도를 낮출 때 사용합니다.

⑮ 펜 툴(Pen Tool)  ★ – P

곡선과 직선을 혼합한 패스 영역을 만들거나 쉐이프 도형을 그릴 때 사용합니다. 펜 툴로 점을 찍어서 앵커 점을 만들고 점을 찍을 때 드래그를 해서 방향 선으로 각도를 기울이며 사용할 수 있습니다.

⑯ 가로 문자 툴(Horizontal Type Tool)  ★ – T

글씨를 쓸 때 사용합니다. 가로 문자 툴과 세로 문자 툴, 가로/세로 문자 마스크 툴 등이 있습니다.

⑰ 패스 선택 툴(Path Direct Selection Tool) – A

펜 툴로 그린 패스를 선택하거나 수정할 때 사용합니다.

⑱ 사각형 툴(Rectangle Tool)  ★ – U

도형 툴(■)은 순서대로 사각형 툴, 둥근모서리 툴, 원형 툴, 다각형 툴, 선 툴, 사용자 정의 도형 툴의 6 가지의 옵션이 있습니다. 패스로 그리는 벡터 방식의 도형 툴은 색상 변경이 쉽고, 사이즈가 커지거나 작아져도 깨지지 않는 특징이 있습니다.

⑲ 손바닥 툴(Hand Tool) ★ – Space Bar

도큐먼트 창보다 이미지가 커, 한 화면에 보이지 않을 때 쉽게 화면을 이동할 수 있습니다.

⑳ 돋보기 툴(Zoom Tool) 🔍 ★ – Ctrl + + / Ctrl + –

화면의 배율을 조정할 때 사용합니다. +를 누르면 확대, –를 누르면 축소됩니다.

㉑ 전경색 / 배경색(Foreground / Background Color) ▣

칠하는 색상과 지우는 색상을 선택합니다.

㉒ 퀵 마스크 모드(Quick Edit in Quick Mask Mode) ▣ ★ – W

선택한 레이어의 색상 차를 이용하여 선택 영역을 만들 때 사용합니다.

㉓ 화면 모드 전환(Change Screen Mode) ▣ ★ – F

화면 창을 스크린 화면, 전체 화면, 메뉴 없는 전체 화면으로 바꿀 때 사용합니다.

03 상세페이지 최적화 인터페이스 만들기

포토샵의 기본 화면은 3면이 기능 박스로 둘러싸여 있습니다. 가운데 도큐먼트 창을
기준으로 왼쪽은 툴 바(도구상자), 위쪽은 메뉴 바(주 메뉴 혹은 탑 메뉴)와 툴 옵션
바, 오른쪽은 패널로 구성되어 있습니다. 자주 쓰는 패널들의 위치를 조정하여 상세
페이지 제작을 위한 최적의 인터페이스를 만들어 보겠습니다.

📢 따라하기

01 포토샵을 실행하여 인터페이스를 확
인합니다.

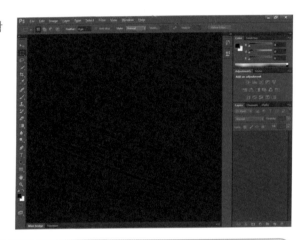

Tip | **버전이 중요한가요?**
포토샵은 매년 기능을 더한 새로운 버전이 출시됩니다. 그러나 최신 버전이 아니어도 괜찮습니다. 이 책
은 포토샵 CS6로 집필됐습니다.

02 [Window] 메뉴를 클릭한 후 세부 메
뉴 명을 클릭하면 해당 패널을 열거나 닫
을 수 있습니다. [Window]-[Adjustments]
를 클릭하여 패널을 엽니다.

03 같은 방법으로 [Window]-[color]를 클릭하여 [color] 패널을 닫습니다.

04 [Window]-[Character]를 클릭하여 [Character] 패널을 활성화합니다.

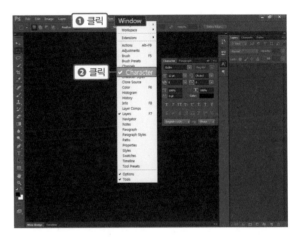

05 [Character] 패널의 이름 부분을 클릭하여 [Layers] 패널 위로 위치를 이동합니다.

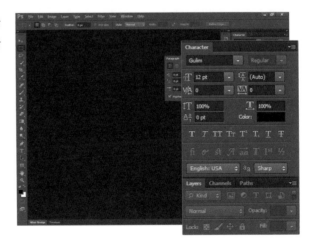

06 [Paragraph] 패널과 [Properties] 패
널을 같은 방법으로 분리한 후 [X] 단추를
클릭하여 닫아 줍니다.

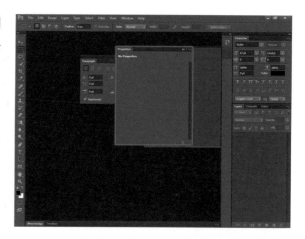

07 [History] 패널을 [Character] 패널 위
로 옮겨 줍니다.

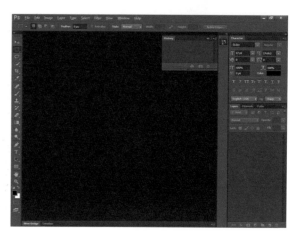

08 [Window]-[Workspace]-[New Workspace]를 클릭하여 아래대로 설정한 후 현재 인터페이스를 저장합니다.

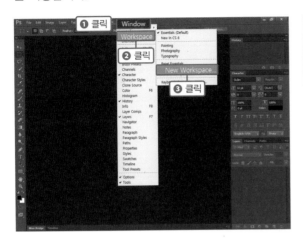

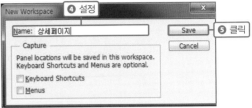

Name : 상세페이지

09 [Window]-[Workspace]를 클릭하면 인터페이스가 '상세페이지'로 저장된 것을 확인할 수 있습니다.

Tip 패널 위치가 변경되거나 실수로 패널로 인해 포토샵 화면이 지저분해졌다면 [Window]-[Workspace]-[Reset 상세페이지] 메뉴를 클릭하면 현재 조정한 화면으로 돌아올 수 있습니다.

포토샵 필수 단축키

포토샵에서 자주 사용하는 단축키입니다. 메뉴를 마우스로 클릭해 실행할 수도 있지만 자주 사용하는
기능들이라면 단축키를 사용하는 것이 훨씬 빠르고 편리합니다.

기능	단축키	기능	단축키
새 문서	Ctrl + N	Curve 조정	Ctrl + M
열기	Ctrl + O	색상/채도 조정	Ctrl + U
저장	Ctrl + S	마지막 실행한 필터 재적용	Ctrl + F
새 이름으로 저장	Shift + Ctrl + S	전경색 채우기	Alt + Delete
웹 용으로 저장	Alt + Shift + Ctrl + S	배경색 채우기	Ctrl + Delete
인쇄	Ctrl + P	전경색 배경색 서로 교체	X
복사하기	Ctrl + C	새 레이어	Ctrl + Shift + N
붙여넣기	Ctrl + V	링크된 레이어 병합	Ctrl + E (링크 된 레이어를 활성화 한 상태로)
잘라내기	Ctrl + X	아래 레이어와 병합	Ctrl + E
실행 취소	Ctrl + Alt + Z	레이어 복제	Ctrl + J
실행 취소 되살리기	Ctrl + Shift + Z	확대	Ctrl + +
선택 영역 해제	Ctrl + D	축소	Ctrl + −
해제 후 재선택	Ctrl + Shift + D	100%로 보기	Ctrl + Alt + 0
선택 영역 반전	Ctrl + Shift + I	화면 크기에 맞게 보기	Ctrl + 0
선택 영역 이동	선택 영역 내부에 커서 두고 클릭&드래그	팔레트 숨김	Tab
선택 영역 복사 + 이동	Ctrl + Alt + 드래그	커서 변화	Caps Lock
선택 영역/레이어 자유 변형	Ctrl + T	레이어 한 단계 내리기	Ctrl + [
추가 선택	Shift 누른 채 복수영역 선택	레이어 한 단계 올리기	Ctrl +]
선택 영역에서 제외	Alt 누른 채 뺄 영역 드 래그	전경색 배경색 기본 설 정	D
정다각형 선택	선택 툴 실행 후 Shift + 드래그	눈금자	Ctrl + R

04 상세페이지 기본 틀 만들기

상세페이지를 작성할 때 자주 사용하는 틀을 만들어 놓고 새로운 상세페이지를 만들
때 파일을 불러와서 사용할 수 있도록 기본 틀을 준비해 봅시다.

📢 따라하기

완성 파일 ▶ Part2/Chapter1/Section4/상세페이지틀.psd

01 [File]-[New] 메뉴를 클릭한 후 [New]
대화상자에서 아래와 같이 설정한 후 [OK]
단추를 클릭합니다.

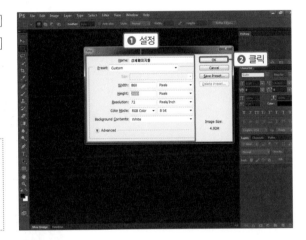

Name : 상세페이지틀
Width : 860px
Height : 2000px
Resolution : 72
Color Mode : RGB Color
Background Contents : White

02 빈 파일이 생성되면 [View]-[Rulers]
메뉴를 클릭합니다. 눈금자가 화면에 표시
됩니다.

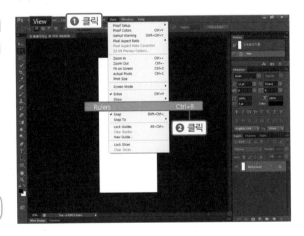

 눈금자 단축키 : Ctrl + R

03 활성화된 눈금자 위에서 마우스로 우클릭하여 단위를 'Pixels'로 설정합니다.

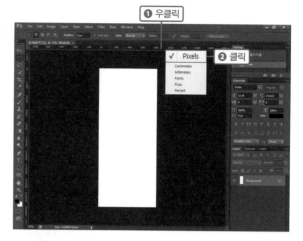

04 왼쪽 눈금자를 클릭하여 화면으로 드래그 합니다. 430px 위치에 가이드선을 배치해 상세페이지의 중앙을 표시합니다.

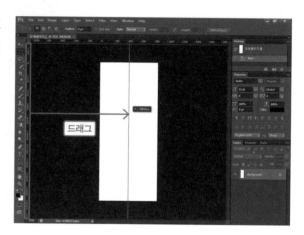

05 같은 방법으로 위쪽 눈금자를 드래그하여 600px에 가이드선을 배치합니다.

Tip 본 영역을 인트로 영역으로 이용합니다.

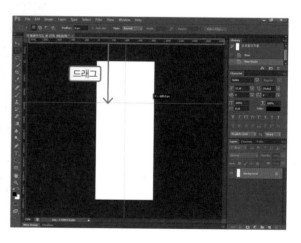

06 왼쪽 눈금자에서 드래그하여 가이드 선을 각각 20px, 840px 위치에 배치하여 여백으로 사용할 부분을 화면에 표시해 둡니다.

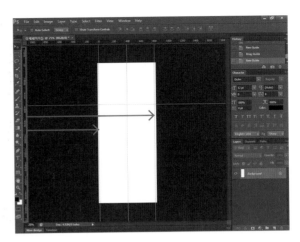

가이드선이 캔버스의 끝에 자꾸 붙는다면?

화면 확대 단축키인 Ctrl을 누른 채, +를 반복하여 눌러 화면을 확대해서 가이드선을 옮기면 화면 끝에 붙는 현상을 방지할 수 있습니다. 제작된 가이드선을 삭제하는 방법은 이동 툴( )을 선택하고 가이드선을 화면 밖으로 밀어 내면 삭제됩니다.

Ctrl+H를 누르면 가이드선을 숨길 수 있고 숨긴 상태에서 다시 단축키를 사용하면 화면에 표시할 수 있습니다.

07 [File]-[Save] 메뉴를 클릭하여 작업한 틀을 저장합니다.

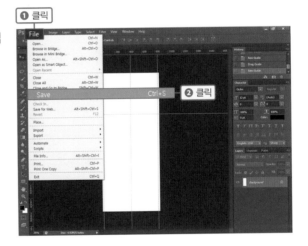

08 [Save As] 대화상자가 활성화되면 파일 이름에 '상세페이지틀'을 입력하고 'Format'은 'PSD'로 선택한 후 [저장] 단추를 클릭합니다.

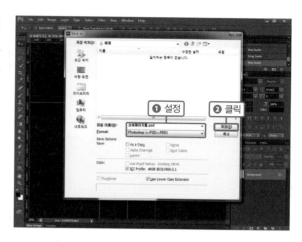

05 포토샵 레이어 알아보기

포토샵을 배우기 시작하면서 가장 먼저 접하게 되는 것, 기본이 되는 요소이지만 포토샵에 꼭 필수적인 요소로 레이어(Layer)를 꼽을 수 있습니다. 포토샵에서 사진을 합성하고 이미지를 보정해 제작한 콘텐츠를 쉽게 수정이 가능한 것이 바로 레이어 덕분입니다. 그렇다면 알쏭달쏭한 레이어에 대해 알아봅시다.

📢 따라하기

예제 파일 ▶ Part2/Chapter1/Section5/레이어개념.psd

레이어는 포토샵에서 가장 기초적인 개념인 동시에 가장 중요한 요소입니다. 따라서 포토샵을 능숙하게 다루기 위해서는 레이어의 개념을 확실히 알아두고 레이어를 능숙하게 다룰 수 있어야 합니다.

포토샵에서 레이어는 그림을 그릴 때 사용하는 도화지와 같은 개념입니다. 일반적인 도화지가 아닌 투명한 도화지로 생각하면 이해하기 쉽습니다. 투명한 도화지는 여러 장 겹치게 되면 하나의 이미지처럼 보여지게 됩니다. 포토샵에서의 레이어도 이와 마찬가지로 몇 개의 레이어를 겹치더라도 화면에는 한 개의 화면으로 겹쳐진 이미지가 최종적으로 보여지게 되는 것이죠.

위와 같은 이미지를 완성하기 위해서 몇 개의 레이어가 필요할까요?

정답은 총 4개의 레이어입니다. 포토샵 화면을 같이 확인해 보도록 하겠습니다.

완성된 이미지는 하나이지만 하늘배경, 창문, 비행기모형, 텍스트 총 4개의 레이어로 이루어진 것을 확인할 수 있습니다. 레이어의 순서에 따라 완성된 이미지가 보여지게 되는 것이죠.

배경색으로 흰색이 지정되어 있지만 보이지 않는 이유는 무엇일까요? 그 위로 투명한 화면이 아닌 하늘배경 이미지 레이어가 올라가 있기 때문입니다.

하지만 하늘배경 위로 올린 창문 모양의 레이어의 경우 가운데가 투명한(비워져 있는) 이미지이기 때문에 아래쪽에 위치한 하늘배경 이미지가 보여지게 됩니다.

쌓여진 레이어를 그림으로 상세히 살펴보면 다음과 같습니다.

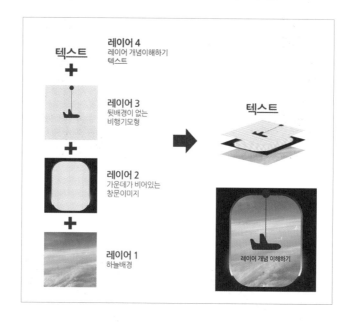

레이어2(창문)와 레이어3(비행기모형)에서 보이는 격자무늬는 포토샵에서는 투명한 상태를 의미합니다. 투명한 부분을 통해서는 아래에 놓여진 레이어가 보이고 투명하지 않은 부분은 덮어지는 레이어 개념이 이제 확실히 이해가 되죠?

포토샵 레이어의 개념을 고려하여 보여지고자 하는 이미지를 생각하면서 레이어를 배치하여 원하는 이미지를 완성할 수 있습니다.

레이어는 생긴 모양에 따라 하는 일이 다릅니다.

레이어 기능

각각의 레이어들은 다음과 같은 기능들을 갖추고 있습니다. 이 기능들을 알면 레이어에 대해 이해하기가 수월합니다.

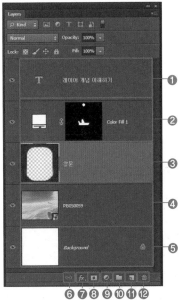

❶ T : 텍스트 레이어

❷ 흰색 종이 : 도형 레이어

❸ 창문 : 일반 이미지 레이어

❹ 사진 : 원본 사진을 보관하는 레이어

❺ Background : 배경 레이어

❻ 레이어를 묶어주는 기능

❼ fx : Effect – 레이어 효과 모음

❽ 레이어 마스크 : 레이어에 마스크 기능 추가함

❾ Adjustment Layer : 색상을 관리하는 레이어를 생성함

❿ 레이어 그룹 : 여러 레이어를 그룹으로 관리함

⓫ 새 레이어 : 새로운 레이어를 생성함

⓬ 휴지통 : 레이어를 삭제함

촬영 후 사진이 너무 어둡게 나왔거나 색이 조명에 의해 변색됐을 때 사용하는 기능
을 알아봅시다.

따라하기

예제 파일 ▶ Part2/Chapter1/Section6/색상보정.jpg
완성 파일 ▶ Part2/Chapter1/Section6/색상보정_완성.jpg

01 [File]–[Open] 메뉴를 클릭해 '색상보
정.jpg' 파일을 열어 줍니다.

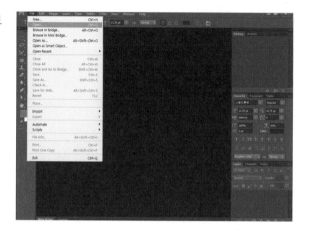

02 밝기 보정을 위해 [Image]–[Adjust-
ments]–[Levels] 메뉴를 클릭합니다. 'In-
put Levels' 항목을 왼쪽에서부터 차례로
'Levels : 20, 0.86, 231'로 조정하여 이미지
명암의 차를 높입니다.

 Tip

[Levels] 메뉴가 하는 일

그래프처럼 보이는 'Input Levels' 영역에서 왼쪽 부분은 어두운색의 분포를, 오른쪽 부분은 밝은색의
분포도를 나타냅니다. 그래프 아래에 보이는 3개의 삼각형은 각각 검정/회색/흰색을 의미합니다. 왼쪽
의 검정 삼각형을 오른쪽으로 이동시킬수록 이미지가 어두워지고, 오른쪽의 흰색 삼각형을 왼쪽으로
이동시킬수록 이미지가 밝아집니다. 가운데의 회색 삼각형은 중간에서 톤을 조절하는 역할을 합니다.

03 [Image]–[Adjustments]–[Color Balance] 메뉴를 클릭하여 파란색상을 조정합니다.

Color Levels : +23 / -48 / +8

[Color Balance] 메뉴가 하는 일

Color Balance는 대화상자에서 설정한 색상 값을 이미지에 가산하는 메뉴입니다. 한마디로 파란색인 Cyan이 많이 담긴 사진이라면 그 외의 Magenta와 Yellow의 수치를 조정해서 도리어 파란색을 조정하는 원리입니다.

04 색상을 고루 맞춰주기 위해서 [Image]–[Adjustments]–[Variations] 메뉴를 클릭한 후 오른쪽 창의 'Lighter'를 클릭하여 색을 고루 맞춰 줍니다. [OK] 단추를 클릭하여 창을 닫아 줍니다.

[Variations] 대화상자가 하는 일!

다양한 색상을 한눈에 확인하며 원하는 색상이나 밝기를 확인할 수 있는 기능입니다. 패널을 클릭할 때마다 해당하는 변화를 가산합니다. 전체 색상 톤을 고르게 적용하는 용도로 사용됩니다.

05 이미지를 선명하게 하기 위해 [Image]–[Adjustments]–[Curves] 메뉴를 클릭하여 아래와 같이
수치를 맞춰 줍니다.

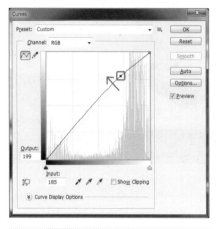

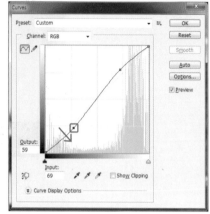

Output : 199
Input : 185

Output : 59
Input : 69

Tip

[Curves] 대화상자가 하는 일!

커브 곡선을 만들어 색상에 대비를 주는 기능입니다. 그래프 곡선을 위로 올리면 밝아지고, 아래로 내
리면 어두워집니다. 본 예제처럼 S라인 모양으로 만들면 밝은 곳은 더 밝고 어두운 곳은 더 어둡게
되어 명암 차이가 발생해 이미지가 더욱 선명해지는 효과를 더할 수 있습니다. 사진을 수정할 때는
Level과 Curves를 사용하는 것이 가장 일반적입니다.

06 완성된 사진을 원본 이미지와 비교하면 파란색이 없어지고 상품은 더욱 강조된 것을 확인할 수 있습니다.

▲ 원본 사진

▲ 보정 후 사진

07 상세페이지에 필요한 폰트 사용설명서

폰트는 글꼴을 말합니다. 상세페이지 작성 시 자주 사용하는 무료 폰트들과 폰트 설치 방법 및 글꼴 패널과 글씨 디자인에 대해 알아보겠습니다.

무료 글꼴 다운 받기

무료 글꼴은 인터넷을 통해 쉽게 내려받을 수 있습니다. 다만, 상업적 용도로 사용할 때에도 무료인지 확인하고 받아야 합니다. 글꼴 제공 사이트와 그중 유명한 폰트들을 소개하겠습니다.

라이선스 규정에 명시된 상업용 무료 사용을 확인하고 설치하여 이용하면 됩니다.

글꼴 이름	배포처	다운로드 링크
맑은고딕	Microsoft	윈도우 자체 탑재 폰트로 별도의 다운로드 링크 없음
나눔 글꼴 패키지	네이버	http://hangeul.naver.com/2014/nanum
고도체	고도몰	http://www.godo.co.kr/company/godofont.php
서울서체	서울시	http://www.seoul.go.kr/v2012/seoul/symbol/font.html
제주서체	제주도	http://www.jeju.go.kr/jeju/symbol/font/infor.htm

| KoPub | 한국출판인회의 | http://www.kopus.org/Biz/electronic/Font.aspx |
| 개인 배포 폰트 | 개인 | http://software.naver.com/software/fontList.nhn?category-Id=I0300000#brandId=BRD_0006 |

내 컴퓨터로 다운로드한 글꼴을 설치하고 사용하는 방법에 대해 알아봅시다. 먼저 위 사이트들 중에서 마음에 드는 서체를 다운로드 합니다. 예시로 '나눔고딕' 서체를 다운로드 했습니다.

📢 따라하기

완성 파일 ▶ Part2/Chapter1/Section7/글씨쓰기연습.psd

STEP 1 나눔고딕 설치하기

01 인터넷 브라우저에서 아래의 주소를 입력해 접속하고 [네이버가 개발한 글꼴 모음 보기]를 클릭합니다.

> **인터넷 주소**
> Hangeul.naver.com/2017/nanum

02 나눔고딕을 설치할 예정입니다. 총 34종의 나눔 글꼴 세트를 받아보겠습니다. [나눔 글꼴 전체 내려받기]를 클릭합니다.

03 다운받은 파일의 압축을 풀고 생겨난 폴더에서 계속 이동합니다. [nanum-all]-[나눔 글꼴]-[나눔고딕]에서 TTF라고 적힌 파일을 압축 해제합니다.

04 제어판으로 이동해 압축 해제한 나눔고딕 글꼴 파일을 [C:₩Program Files₩Common Files₩Adobe₩Fonts]로 이동시킵니다. Fonts 폴더가 없다면 직접 만들어주세요. 이제 포토샵을 재실행하면 설치한 폰트를 사용할 수 있습니다.

STEP 2 **포토샵에서 설치한 폰트 사용하기**

05 포토샵을 실행하고 [File]–[New] 메뉴를 클릭합니다. 아래와 같이 설정하고 빈 캔버스를 만들어주세요.

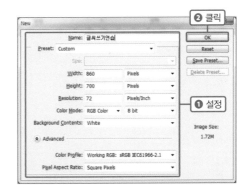

Name : 글씨쓰기연습
Width : 860px
Height : 700px
Resolution : 72

---

06 가로문자 툴(T.)을 클릭하고 화면 상단에 클릭합니다. 그림과 같이 텍스트 '제목으로 흔히 쓰는 글씨 크기'를 입력합니다.

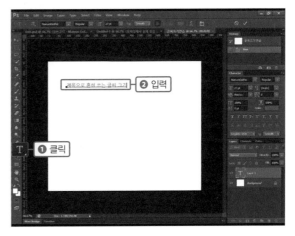

07 쓴 글씨를 선택하고 글씨의 서식을 꾸며 줍니다.

글꼴 : NanumGothic
스타일 : Bold
크기 : 60pt
색상 : #ea016f

08 이동 툴(▶✛)을 클릭하고 글씨를 중간 위치로 옮겨 줍니다.

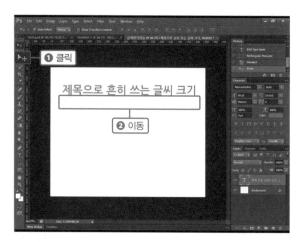

Tip

[Character] 패널 알아보기

[Character] 패널에서는 다음과 같은 사항들을 설정할 수 있습니다. 글꼴, 글꼴 스타일, 글씨 크기, 줄 간격, 글자 겹침, 글자 간격, 글씨의 높이, 글씨의 너비, 색상, 굵게, 기울임꼴, 대문자로만 보이기, 첫 글자만 대문자로 보이기(소문자는 모양은 대문자 크기는 소문자 크기), 윗첨자, 아래첨자, 밑줄, 취소선 등

❶ **글꼴** : 목록에서 글꼴을 선택합니다.

❷ **글꼴 스타일** : 글꼴에 따라 지원하는 글꼴의 굵기나 스타일입니다. 지원하는 스타일이 없는 경우 선택할 수 없습니다.

❸ **글씨 크기** : 일반적으로 웹에서는 pt 단위로 글씨 크기를 선택합니다.

❹ **줄 간격** : 줄 간격을 조정합니다. 'Auto'로 두면 글씨 크기 X 약 1.5배로 줄 간격이 벌어집니다.

❺ **폰트와 폰트 사이의 간격** : 각기 다른 폰트를 사용할 때 사용하는 기능입니다.

❻ **자간** : 글자 간격을 나타냅니다.

❼ **글자의 세로 크기 조절** : 기본 사이즈를 100%로 두고 높이를 변경할 때 사용합니다.

❽ **글자의 가로 크기 조절** : 기본 사이즈를 100%로 두고 너비를 변경할 때 사용합니다.

❾ **글자의 기준 위치 변경** : 글자가 적히는 기준 위치를 높이거나 낮출 때 사용합니다(제곱근 표시 등).

❿ **색상** : 글자의 색을 변경할 때 사용합니다. 클릭하면 컬러 선택 창이 실행됩니다.

⓫ **글자 스타일** : 왼쪽부터 굵게, 기울임꼴, 대문자로만 보이기, 대문자로만 보이기(소문자는 모양은 대문자 크기는 소문자 크기), 윗첨자, 아래첨자, 밑줄, 취소선 등의 스타일을 설정합니다.

⓬ **글자의 외곽선 처리(Anti-aliasing)** : 'None'으로 하면 비트맵 이미지 특성상 계단 현상이 발생합니다. None 외의 Smooth(외곽선 부드럽게), Crisp(외곽선을 두드러지게), Strong(외곽선을 진하게), Sharp(외곽선을 얇게)를 표현할 수 있습니다(쇼핑몰에선 특별한 경우 외엔 None으로 설정하지 않는 게 좋습니다.).

09 쓴 글씨를 선택하고 글씨의 서식을
꾸며 줍니다.

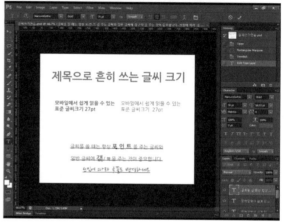

2번째 줄 왼쪽 글씨
크기 : 27pt / 스타일 : Bold 글씨색 : #646464
줄 간격 : Auto

2번째 줄 오른쪽 글씨
크기 : 27pt 스타일 : Regular / 글씨색 : #646464
줄 간격 : Auto

전체 글씨
크기 : 27pt / 줄 간격 : 54pt / 글씨색 : #646464

포.인.트
크기 : 32pt

강
글씨색 : #bb0404 / 크기 : 34pt

약
글씨색 : #0027a4 / 크기 : 22pt

마지막 줄
글꼴 : Nanum Brush Scripct

 글씨 색은 새로운 글씨를 쓸 때 미리 설정하세요.

 모바일과 PC 모두에서 가독성이 좋은 글씨 크기는?

상세페이지의 설명 문구에서 글씨 크기와 색상은 고객의 구매를 좌우하는 매우 중요한 요소입니다. 일반적인 설명에서 글씨 크기는 27pt 이상으로 설정해야 모바일과 PC 모두에서 눈에 무리가 가지 않습니다. 일반적으로 가장 큰 글씨인 타이틀 제목은 60pt이며 중간 제목은 36pt입니다. 모바일에서 손가락으로 확대할 때 3의 배수씩 비율이 증가하므로 3의 배수로 글씨 크기를 맞춰 주는 것이 좋습니다. 색상을 결정할 때는 채도가 너무 높은 색은 원색에 가까워 눈이 아플 수 있습니다. 되도록 낮은 채도를 권장합니다.

08 웹/모바일 최적화로 이미지 저장하기

상세페이지 높이를 800px 이상으로 저장하게 되면 모바일에서는 로딩 중에 이미지가 깨져 보일 수 있습니다. 로딩 시 속도를 위하여 이미지를 자르고, 용량은 작지만 품질은 좋게 저장하는 방법을 알아보겠습니다.

📢 따라하기

예제 파일 ▶ Part2/Chapter1/Section8/슬라이스이미지.jpg
완성 파일 ▶ Part2/Chapter1/Section8/슬라이스이미지_완성.jpg

01 [File]–[Open] 메뉴를 클릭하여 '슬라이스이미지.jpg'를 열어 줍니다. [View]–[Fit on Screen] 메뉴를 클릭하여 화면에 전체 이미지가 보이게 합니다.

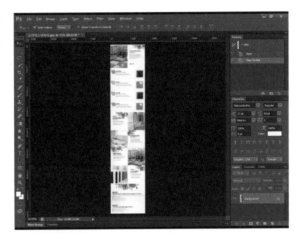

02 [View]–[Rulers] 메뉴에 체크가 되어 있는지 확인합니다. 화면에 눈금자를 표시합니다. 위쪽 눈금자를 클릭하여 화면으로 드래그하여 가로 가이드선을 표시합니다. 이동 툴(▶)로 가이드선을 이동하여 568px에 가이드선을 배치합니다.

 Tip 체크가 되어 있다면 화면에 눈금자를 표시하고 있다는 것을 의미합니다. 위쪽 눈금자를 클릭하여 화면으로 드래그하여 가로 가이드선을 표시합니다.

03 같은 방법으로 영역들이 바뀌는 곳에 따라 가이드선을 배치합니다

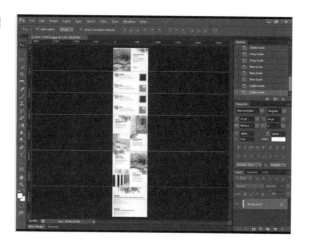

04 자르기 툴(🔲)에서 마우스 오른쪽 단 추를 클릭하여 슬라이스 툴(🔳)을 선택한 후 옵션바에서 [Slices From Guides] (Slices From Guides)를 클릭합니다.

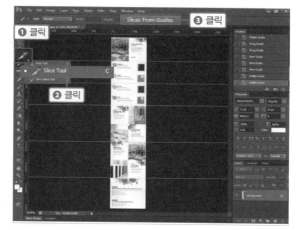

05 화면에 이미지가 분할된 것을 확인할 수 있습니다. 위에서부터 여섯 가지의 이 미지로 구분되었습니다.

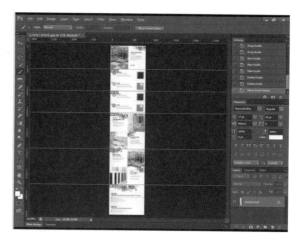

06 [File]–[Save for Web] 메뉴를 클릭
하여 저장 모드를 설정합니다. 화면 배율
을 12%로 축소하여 화면에 전체 이미지가
보이게 합니다. 마우스로 이미지를 드래그
하여 선택합니다. [Save] 단추를 클릭해 저
장합니다.

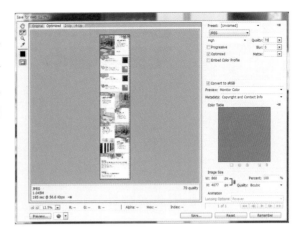

07 [Save Optimized As] 대화상자에서 파일 이름을 'test'로 지정하고 Format은 'Images Only',
Slices는 'All Slices'로 설정합니다. [저장] 단추를 클릭하고. 저장할 위치를 지정하면 [images] 폴더
가 생성되며 이미지들이 차례로 저장됩니다.

CHAPTER
02

상세페이지 제작을 위한 포토샵 필수 기능

포토샵과 친해졌다면 이제는 실전 상세페이지 제작을 위한 필수 기능을 배워 보도록 하겠습니다. 필자가 알고 있는 탑 노하우만 엄선하여 설명했습니다. 포토샵을 다룰 수 있는 판매자분들도 알고나면 더 빠르고 간편하게 사용할 수 있는 기능들이 가득할 겁니다.

SECTION ／ **01 상품 사진 촬영 후에 사용하는 기능 모음**

사진 촬영 직후에 색 보정, 선명도 조정, 이미지 리사이징 작업으로 상품을 더욱 상품 답게 만들어 주는 기능들을 알아보겠습니다.

📢 따라하기

예제 파일 ▶ Part2/Chapter2/Section1/사진보정.jpg
완성 파일 ▶ Part2/Chapter2/Section1/사진보정_완성.jpg

STEP 1 **빛 보정하기**

01 [File]–[Open] 메뉴를 클릭해 '사진보 정.jpg'을 열어 줍니다.

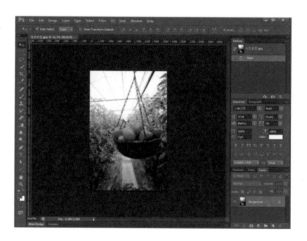

02 [Image]–[Adjustments]–[Levels] 메
뉴를 클릭합니다.

❶ 클릭

Levels 단축키 : Ctrl + L

03 [Levels] 대화상자의 'Input Levels'
값을 왼쪽부터 차례대로 '16', '1.81', '229'로
입력합니다.

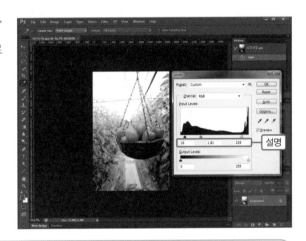

> **Tip** 'Levels' 메뉴를 이용해 상품에 대한 밝기는 높이고 주변의 빛의 양은 유지하여 강조하고자 하는 상품을
> 좀 더 화사하게 만들 수 있습니다.

04 조정 후 [OK] 단추를 클릭하면 오른쪽 상단에 [History] 패널에서 보정 전, 후 사진을 비교 확
인할 수 있습니다.

> **Tip** [Windows]–[History] 메뉴를 클릭하면 [History] 패널을 활성화할 수 있습니다.

채도와 밝기 보정하기

05 [Image]–[Adjustments]–[Curves] 메
뉴를 클릭합니다.

Curves 단축키 : Ctrl + M

06 [Curves] 대화상자에서 대각선을 S라인으로 바꿔 줍니다. 아랫점은 Output 65/Input 79, 윗점
은 Output 192/Input 186입니다.

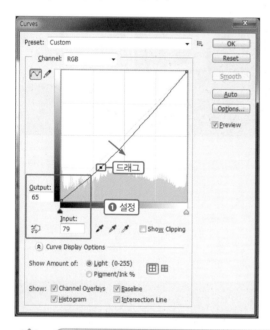
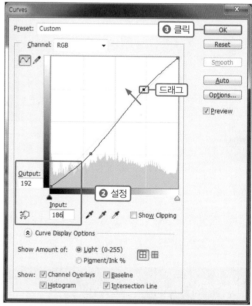

Tip ◀ 가운데 나오는 대각선의 아랫 부분을 클릭하여 값을 기입한 다음 두 번째 오른쪽 위쪽 선 부분을 클릭하
여 두 번째 선의 값을 넣어 주면 됩니다. 또는 이미지의 색상을 보면서 S라인을 조정하면 됩니다.

Tip ◀ 선 위의 점을 삭제할 경우에는 점을 클릭한 상태에서 Delete 를 누르면 됩니다.

07 라인 조정 후, [OK] 단추를 클릭하면 오른쪽 상단 [History] 패널에서 보정 전, 후 사진을 확인할 수 있습니다.

STEP 3 **외곽선 보정하기**

08 위 이미지에서 [Filter]–[Sharpen]–[Smart Sharpen] 메뉴를 클릭합니다.

09 [Smart Sharpen] 대화상자에서 Settings의 Amount 값을 '50%', Radius 값을 '1.0px'로 입력합니다.

 [Smart Sharpen] 대화상자 안의 이미지를 마우스 포인터로 클릭하면 보정 전, 떼면 보정 후로 바뀝니다.

10 [OK] 단추를 클릭한 후, 이미지를 확대하여 오른쪽 상단 [History] 패널에서 보정 전, 후 사진을 확인할 수 있습니다.

이미지 확대 단축키 : Ctrl + +

아웃 포커싱 적용하기

11 위 이미지에서 오른쪽 하단에 있는 [Layers] 패널의 'Background'에서 마우스 오른쪽 단추를 클릭해 세부 메뉴에서 [Duplicate Layer]를 선택하여 같은 이미지를 한 개 더 생성합니다.

 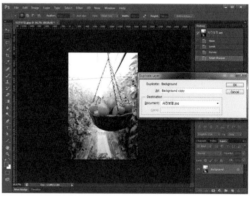

Background 복제 단축키 : Ctrl + J

12 복사한 레이어를 선택하고 [Filter]–
[Blur]–[Gaussian Blur] 메뉴를 클릭합니다.

13 [Gaussian Blur] 대화상자에서 Ra-
dius 값을 '5pixels'로 아래와 같이 입력한
후, [OK] 단추를 클릭합니다.

Tip [Gaussian Blur] 대화상자는 이미지
를 뿌옇게 만들어 주는 역할을 합니
다. 상품을 제외한 나머지 부분을 뿌
옇게 만들어 상품이 더욱 돋보이게
하는 효과를 주고 싶을 때 주로 사용
합니다.

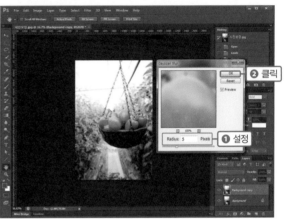

14 [Layers] 패널 하단에 있는 Quick Mask(▣)를 클릭한 후 브러시 툴(✎)을 클릭합니다.

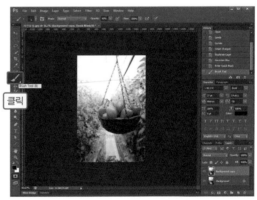

15 다시 이미지 위에서 마우스 오른쪽 단추를 클릭합니다. [Brush] 옵션 바에서 Size를 '1000px'로 입력한 후 Enter 키를 누릅니다.

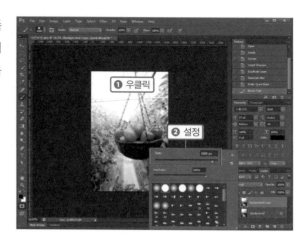

16 토마토 부분을 선명하게 하기 위해 토마토를 중점적으로 브러시로 칠합니다.

17 다시 마우스 오른쪽 단추를 클릭한 후 [Brush] 옵션 바에서 Size 값을 '100px'로 입력하여 쇠 사슬 부분에 브러시로 칠합니다. Ctrl + + 키를 이용해 화면을 확대하면 작업하기가 좀 더 수월합니다.

18 툴 바 하단에 있는 Quick Mask()를 클릭하면 적용되어 있던 마스크가 해제됩니다. 마스크가 적용돼 있는 상태에서 브러시로 칠한 부분을 제외한 나머지 부분이 선택 영역으로 지정된 것을 확인할 수 있습니다.

19 'Background copy' 레이어를 선택한 후 [Layers] 패널 하단에 Add layer mask()를 클릭합니다.

> **Tip**
>
> ### [Layers] 패널 Mask와 툴 바 하단의 Quick Mask 차이점
>
> [Layers] 패널 하단의 Mask( )는 레이어 자체에 마스크를 씌워 주는 기능으로 마스크가 적용된 레이어의 그림을 마스크 색이 검정이면 화면에 표시하지 않고 흰색 영역만 표시해 줍니다.
>
> Quick Mask( )는 화면에 있는 이미지의 선택 영역을 브러시 등으로 색칠하여 선택 영역을 표시하는 기능으로 색칠된 영역을 제외한 영역이 선택 영역이 됩니다. 선택 영역을 내가 원하는 대로 만들고 싶을 때 사용하는 기능입니다. 혹시 화면에 브러시 색이 빨강색이 아닌데도 빨간색으로 나타난다면 Quick Mask가 선택된 것은 아닌지 확인해 보세요.
>
> **단축키 :** Q

이미지 리사이징(크기 조정하기)

20 위 이미지에서 [Image]-[Image Size]
메뉴를 클릭하여 현재 이미지 크기를 확인
합니다.

Image Size 단축키 : Ctrl + Alt + I

21 Width 값을 '1728'에서 '1200'으로 변
경한 후 [OK] 단추를 클릭하여 사이즈를
확인합니다.

> **Tip** Width 값은 단계적으로 줄여야 픽셀이 깨지지 않습니다. 사이즈 조절 시 하단에 'Constrain Proportions'
> 을 체크해 두면 같은 비율로 이미지 조절이 가능하여 Width(가로)만 수정하여도 Height(세로) 값이 자동
> 으로 조절됩니다.

22 다시 Width 값을 '1200'에서 '700'으
로 변경한 후 [OK] 단추를 클릭하여 사이
즈를 확인합니다.

> **Tip** Width 값이 큰 이미지일수록 단계를
> 더 많이 주어서 줄여야 합니다.

02 로고 지우기

중국이나 해외에서 물건을 사입하는 경우 상품 사진에 마크나, 오염이 있을 수 있습니다. 상품에 찍혀 있는 워터마크나, 로고를 제거하여 원하는 형태의 상품 사진으로 보정하는 방법을 알아보겠습니다.

📣 따라하기

예제 파일 ▶ Part2/Chapter2/Section2/로고지우기.jpg
완성 파일 ▶ Part2/Chapter2/Section2/로고지우기_완성.jpg

01 [File]-[Open] 메뉴를 클릭해 '로고지우기.jpg'를 열어줍니다.

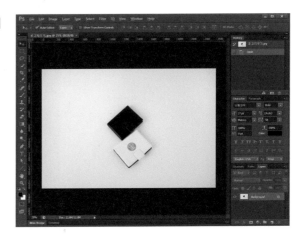

02 툴 바에서 돋보기 툴()을 더블클릭하여 사이즈를 '100%'로 확대합니다.

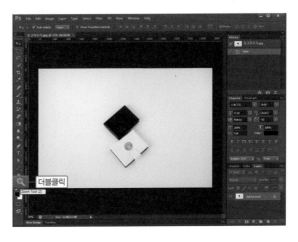

> **Tip** 이미지 배율 조정은 하단의 %로도 조정이 가능합니다.

03 툴 바의 스팟 힐링 브러시 툴( )을
마우스 오른쪽 단추로 클릭한 후, 옵션 바
에서 패치 툴(Patch Tool)을 클릭합니다.

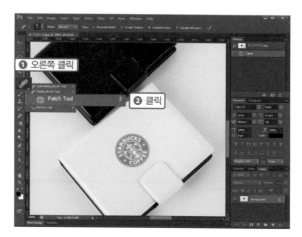

04 로고의 테두리 부분을 툴로 동그랗게
그림과 같이 그립니다.

05 동그라미가 선택 영역으로 바뀌면 마
우스로 동그라미를 드래그하여 옆으로 이
동하여 로고를 지워줍니다.

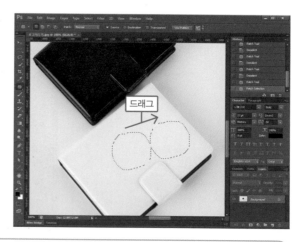

> **Tip** 이미지의 잡티를 지울 때에도 이와 같은 방식으로 지웁니다. 로고를 지우고 난 뒤 남는 잡티도 지워줍니다.

06 작업이 끝난 후 선택 영역을 해제합니다.

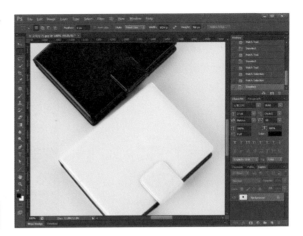

선택 영역 해제 단축키 : Ctrl + D

SECTION **03 인물 사진 보정하기**

패션 상품을 취급하는 업체의 경우 인물의 얼굴이나 몸매 보정이 구매전환율의 절반을 차지한다 해도 과언이 아닐 만큼 보정은 중요합니다. 인물 사진 보정의 기초를 배워 매끈한 피부로 만드는 방법과 삭제한 이미지를 되살려 자연스럽게 연출하는 방법을 배워 보겠습니다.

📢 **따라하기**

예제 파일 ▶ Part2/Chapter2/Section3/인물보정하기.jpg
완성 파일 ▶ Part2/Chapter2/Section3/인물보정하기_완성.jpg

STEP 1 **머리카락 정리하기**

01 [File]–[Open] 메뉴를 클릭해, '인물보정하기.jpg'를 열어 줍니다.

02 툴 바의 돋보기 툴(🔍)을 더블클릭하여 이미지 크기를 '100%'로 확대합니다.

03 툴 바의 브러시 툴(🖌)을 클릭한 후 이미지 위에서 마우스 오른쪽 단추를 클릭하여 [Brush] 옵션 바에서 Size를 '175px'로 입력한 후 Enter 키를 누릅니다.

04 Alt 키를 누른 상태에서 배경을 클릭하면 툴 바에 있는 전경색(🔳)이 클릭한 부분의 색상으로 변경됩니다.

Tip 배경색이 바뀌는 부분에 있는 머리카락을 정리할 때에는 위와 같은 방식으로 Alt 키를 누른 상태에서 달라진 배경색상을 클릭한 후 그 주위에 있는 머리카락을 정리하면 됩니다.

05 배경색으로 색깔을 지정한 브러시로 머리카락이 삐져나온 부분을 칠해 정리해 줍니다.

Tip 이미지의 배경이 단색일 경우 브러시 툴을 사용하는 것이 가장 쉽습니다.

06 합성한 느낌을 줄이기 위해 툴 바의 히스토리 브러시 툴(　)을 사용합니다.

07 오른쪽 상단에 있는 [History] 패널에서 작은 단추(　)를 클릭하여 히스토리 브러시로 돌아갈 위치를 선택합니다.

08 이미지 위에서 마우스 오른쪽 단추를 클릭하여 [Brush] 옵션 바에서 Size를 '80px'로 입력한 후 Enter 키를 누릅니다.

09 다시 되살려야 하는 머리카락 부분에 브러시 칠을 하면 머리카락과 벽의 경계선 부분이 깔끔하게 정리된 이미지로 완성됩니다.

 비어 있는 부분을 머리카락으로 메꾸고 싶을 때에는 툴 바에서 도장 툴( )을 클릭합니다. Alt 키를 누른 상태에서 복제하고 싶은 부분의 머리카락을 클릭한 후 비어 있는 부분에 드래그하면 됩니다.

피부 잡티 제거하기

10 툴 바에서 패치 툴()을 클릭합니다.

11 잡티 제거를 원하는 부분에 툴을 이용하여 동그라미를 그립니다. 동그라미가 선택 영역으로 바뀌면 드래그하여 잡티를 제거합니다. 제거 후 선택을 해제합니다. 자세한 방법은 Section 02의 '로고 지우기'를 참고합니다.

선택 해제 단축키 : Ctrl + D

STEP 3 **피부 밝기 조정하기**

12 위 이미지에 이어서 툴 바의 닷지 툴()을 클릭합니다.

13 이미지 위에서 마우스 오른쪽 단추를 클릭하여 [Brush] 옵션 바에서 Size를 '150'으로 입력합니다.

14 상단에 있는 Exposure 값을 '15%'로 입력합니다.

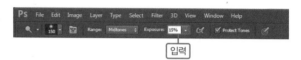

15 볼 부분을 밝게 표현하기 위해 한 번 클릭한 상태로 브러시 칠을 합니다.

STEP 4 부드러운 피부 표현

16 위 이미지에서 툴 바의 올가미 툴 (🔾)을 클릭합니다.

17 올가미 툴을 이용하여 그림과 같이 선택 범위를 정합니다.

18 선택 영역에서 마우스 오른쪽 단추를 클릭한 후 메뉴에서 [Feather]를 클릭합니다. Feather 값을 '10 pixels'로 설정한 다음 [OK] 단추를 클릭합니다.

19 [Filter]-[Blur]-[Gaussian Blur] 메뉴
를 클릭합니다.

20 [Radius] 값을 '2.1 Pixels'로 입력한
후 [OK] 단추를 클릭하고 선택 영역을 해
제합니다.

선택 영역 해제 단축키 : Ctrl + +

 [Gaussian Blur] 대화상자 안 이미지를 마우스로 클릭하면 보정 후, 떼면 보정 전 이미지를 확인할 수 있
습니다.

 Pixels 값은 이미지에 따라 조금씩 바뀔 수 있습니다.

21 위 이미지에서 [Filter]–[Liquify] 메뉴
를 클릭합니다.

Liquify 단축키 : Shift + Ctrl + X

22 [Liquify] 대화상자가 뜨면 오른쪽에
있는 [Advanced Mode]를 클릭해 체크합
니다.

23 왼쪽에 있는 Freeze Mask Tool( )
을 클릭합니다.

24 보정하지 않고 고정시켜야 할 부분을 툴로 칠하여 빨간색 영역으로 설정한 뒤, 왼쪽에 있는 Forward Warp Tool(📷)을 클릭한 후 오른쪽에 있는 Tool Options에서 Brush Size를 '200'으로 입력합니다.

25 Forward Warp Tool(📷)을 이용하여 머리 부분을 조금씩 자연스럽게 줄입니다.

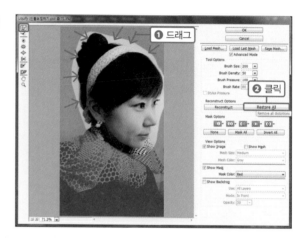

26 머리 사이즈를 줄인 후에는 Brush Size를 '250'으로 입력한 후 턱과 코 사이즈를 조정합니다.

27 눈매를 보정할 때에는 Brush Size를 '20'으로 입력한 후 눈꼬리 부분을 왼쪽으로 당깁니다.

28 눈을 크게 확대할 때에는 브러시 크기를 '100'으로 설정한 후 윗속눈썹 라인에 십자가를 둔 다음 위쪽으로 당깁니다. 마찬가지로 아래 속눈썹 라인에도 십자가를 둔 후 아래쪽으로 자연스럽게 당깁니다.

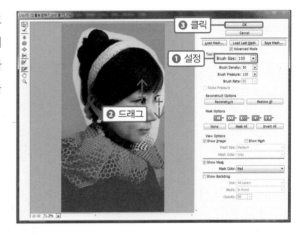

29 [OK] 단추를 클릭한 후, 보정 전후 이미지를 확인합니다.

보정 전 이미지 확인/되돌아오기 단축키 : Ctrl + Z

04 배경 지우기1(Quick Selection)

배경을 지우는 방법에는 여러 가지가 있습니다. 이번 Section에서 배울 내용은 공산품이나 배경색과 상품 사진이 명확하게 구분될 때 쉽게 배경을 제거하는 방법을 배워보겠습니다.

따라하기

예제 파일 ▶ Part2/Chapter2/Section4/배경지우기1.jpg
완성 파일 ▶ Part2/Chapter2/Section4/배경지우기1_완성.jpg

STEP 1 상품이미지의 배경 제거하기

01 [File]-[Open] 메뉴로 '배경지우기
1.jpg'를 열어 줍니다.

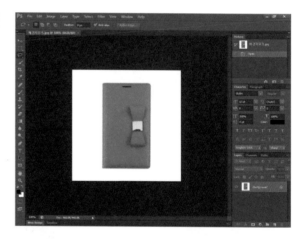

02 툴 바에서 빠른 선택 툴( )을 클릭
합니다.

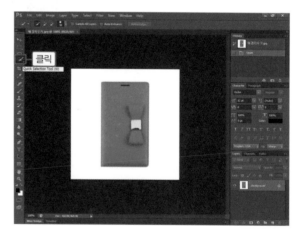

03 빠른 선택 툴()을 이용하여 예제 사진의 핑크색 부분을 클릭하면 금장 부분을 제외한 핑크색 부분이 점선 안에 잡힙니다.

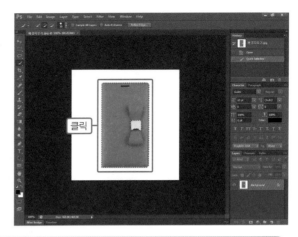

클릭

Tip 빠른 선택 툴()로 이미지를 클릭하여 드래그하면 클릭한 부분의 색상과 같은 색상이 자동으로 점선 안에 잡힙니다.

04 다시 빠른 선택 툴()를 클릭하고 금장 부분을 클릭합니다.

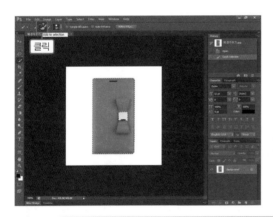

클릭

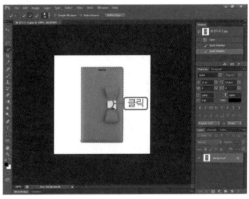

클릭

Tip 선택 영역을 추가하거나 빼고 싶으면 빠른 선택 툴 옵션 바의 선택 영역 더하기()나 선택 영역 빼기()를 클릭하고 원하는 영역을 클릭하면 됩니다.

05 위 이미지에서 상단에 옵션 바에서 Refine Edge(Refine Edge...)를 클릭하면 상품과 배경이 분리된 이미지와 [Refine Edge] 대화상자가 뜹니다.

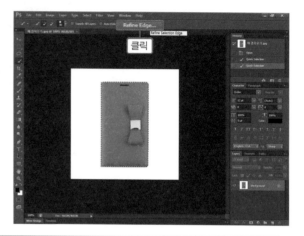

Tip 배경이 검은색이 아닐 경우에는 아래와 같이 'View Mode'를 'On Black(B)'로 변경하면 됩니다.

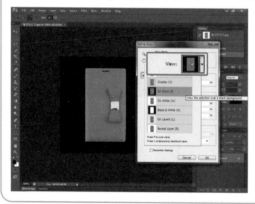

06 [Refine Edge] 대화상자에서 다음과 같이 입력한 후 [OK] 단추를 클릭합니다.

Tip 'Radius'는 분리된 상품 이미지와 배경 사이의 경계선을 매끄럽게, 'Smooth'는 경계선을 부드럽고 둥글게 만드는 역할을 합니다. 'Feather'는 경계선을 뿌옇게 만드는 역할을 하기 때문에 이번 예제에선 사용하지 않습니다. 'Contrast'는 경계선을 명확하고 선명하게 하는 역할을 합니다.

Radius : 4.4 px
Smooth : 22
Contrast : 71%

07 선택 영역을 복사합니다.

복사하기 단축키 : Ctrl + C

08 [File]–[New] 메뉴를 클릭하여 Width '600', Height '600'으로 설정한 후 [OK] 단추를 클릭합니다.

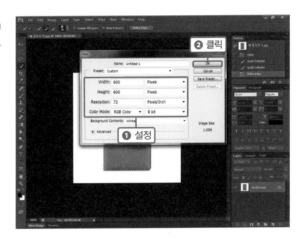

09 복사한 상품 이미지를 붙여 넣습니다.

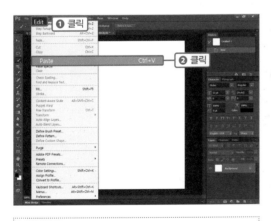 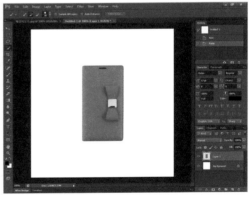

붙여넣기 단축키 : Ctrl + V

10 상품 이미지 크기 조정을 위해 [Edit]−
[Free Transform] 메뉴를 클릭합니다.

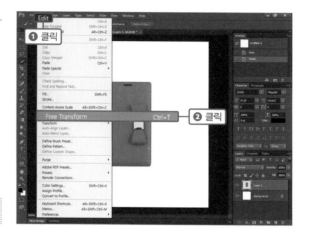

Free Transform 단축키 : Ctrl + T

11 Shift 키를 누른 상태에서 이미지 크
기를 그림과 같이 조정합니다.

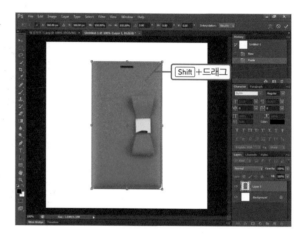

12 Enter 키를 누르면 확대한 이미지를
볼 수 있습니다.

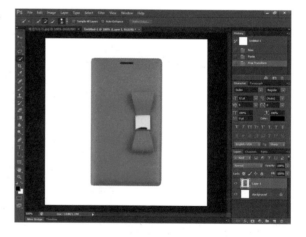

05 배경 지우기2(펜 툴을 이용한 배경 지우기)

곡선이나 미세한 영역을 잡아야 할 경우에는 빠른 선택 툴보다 펜 툴을 사용하는 게
편리합니다. 펜 툴은 점과 점을 연결하여 두 점 사이의 곡선 영역을 조정하여 원하는
형태로 선택할 수 있습니다.

📢 따라하기

예제 파일 ▶ Part2/Chapter2/Section5/배경지우기2.jpg
완성 파일 ▶ Part2/Chapter2/Section5/배경지우기2_완성.jpg

01 [File]–[Open] 메뉴를 클릭해 '배경지
우기2.jpg'를 열어 줍니다.

02 툴 바에서 펜 툴(✒)을 클릭합니다.

03 펜 툴()로 텐트의 왼쪽 하단 꼭짓점을 첫 번째 점으로 클릭한 후 상단에 있는 꼭짓점을 두 번째 점으로 클릭합니다.

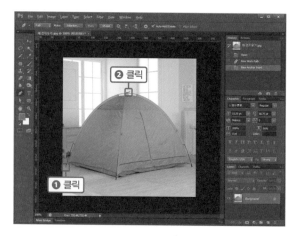

04 두 번째 점을 클릭한 상태에서 옆쪽으로 드래그를 하여 곡선을 텐트의 선에 맞게 조정합니다.

Tip 곡선의 방향은 마우스를 드래그하는 방향과 반대 방향으로 생깁니다. 곡선을 보면서 마우스 방향을 조정하여 선의 모양을 잡으면 됩니다.

05 두 번째 곡선을 만들기 위해 Alt 키를 누른 상태에서 마우스로 두 번째로 클릭했던 점을 한 번 클릭하여 오른쪽 드래그선을 지웁니다.

Tip 펜 툴을 이용하여 여러 개의 곡선을 만들 때에는 곡선 하나를 완성할 때마다 Alt 키를 이용하여 드래그선을 지우고 다음 곡선을 만들면 됩니다.

06 이와 같은 방식으로 텐트의 외곽선을 다음과 같이 만듭니다.

Tip 디테일한 곡선을 만들 때에는 단축키 [Ctrl]+[+]를 이용하여 화면을 확대한 후 [Space Bar] 키를 눌러 화면을 움직이며 곡선을 만듭니다. 점의 개수는 텐트의 대략적인 외곽선이 형성될 정도로 하고 곡선의 모양은 자연스럽게 만듭니다.

07 배경이 보이는 모서리 세 부분을 지우기 위해 툴 옵션 바의 Exclude Overlapping Shapes (✓ 🗗 Exclude Overlapping Shapes)를 클릭합니다.

08 텐트와 폴대 사이의 배경을 삭제하기 위해 배경이 보이는 부분에 그림과 같이 패스를 그립니다.

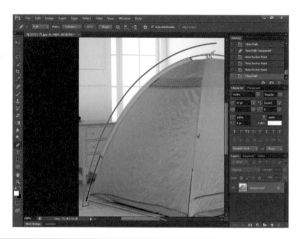

Tip 수정할 때에는 툴 바의 직접 선택 툴(█)을 클릭하고 해당 점을 클릭한 뒤 키보드 화살표 키를 이용하여 모양을 조정하면 됩니다. 곡선을 수정할 때에는 앵커포인트 변환 툴(█)을 클릭한 후 해당 점을 조정하면 됩니다.

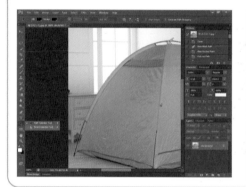
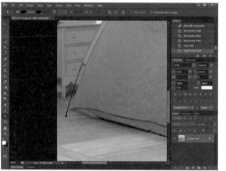

09 [Paths] 패널의 [Work Path]를 클릭한 후 Ctrl + Enter 키를 누르면 이미지에 그린 선들이 선택 영역으로 바뀝니다. 선택 영역을 복사합니다.

10 [File]-[New] 메뉴를 클릭한 후, [New] 대화상자에서 Width '600px', Height '600px'으로 설정하여 [OK] 단추를 클릭합니다.

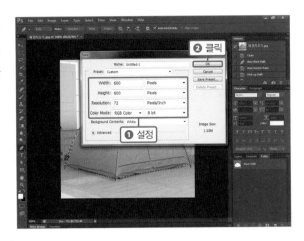

11 새 이미지에 **09**에서 복사한 이미지를 붙여넣습니다.

붙여넣기 단축키 : Ctrl + V

펜 툴 옵션 패스 합치기 기능

펜 툴로 그린 패스는 서로 합치거나 빼거나 겹쳐진 부분을 제외할 수 있습니다.

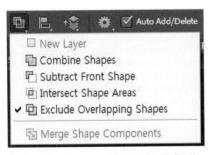

❶ Combine Shapes : 선택된 패스를 합치는 기능
❷ Subtract Front Shape : 선택된 패스 중 겹쳐진 뒷 부분만 남기는 기능
❸ Intersect Shape Areas : 선택된 패스의 겹쳐진 부분만 남기는 기능
❹ Exclude Overlapping Shapes : 선택된 패스에서 겹쳐진 부분만 삭제하는 기능
❺ Merge Shape Components : 선택된 패스를 하나의 패스로 합치는 기능

06 이미지 합성으로 인트로 제작하기

간단한 이미지 편집과 이미지 합성으로 자연스럽고 분위기 있는 인트로 이미지를 완성해 봅시다.

📣 따라하기

예제 파일 ▶ Part2/Chapter2/Section6/블랭킷이미지.jpg
완성 파일 ▶ Part2/Chapter2/Section6/블랭킷인트로_완성

01 [File]–[Open] 메뉴를 클릭해 '블랭킷이미지.jpg'를 열어 줍니다.

02 [Image]–[image size] 메뉴를 클릭해 인트로용 이미지로 제작하기 위해 이미지 너비 사이즈를 '860px'로 줄여 줍니다. [OK] 단추를 클릭합니다.

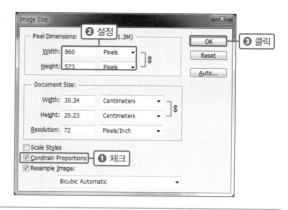

 Tip 'Constrain Proportions'를 체크하면 너비 비율에 맞춰 높이가 자동으로 수정됩니다.

03 돋보기 툴(🔍)을 더블클릭하여 100% 비율로 화면을 확대합니다.

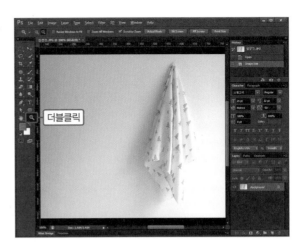

04 [Layers] 패널에서 'Background' 레이어를 복제합니다.

레이어 복제 단축키 : Ctrl + J

05 'Background' 레이어를 선택하고 [Edit]-[Fill] 메뉴를 클릭해 배경을 흰색으로 변경합니다.

06 'Layer 1' 레이어를 선택한 후 이동 툴(🔼)을 이용하여 이미지를 오른쪽으로 이동합니다.

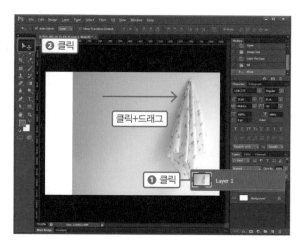

07 [Image]−[Adjustments]−[Levels] 메 뉴를 클릭하여 사진의 명암을 조정합니다.

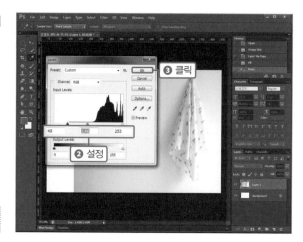

Input Levels : 49, 1.146, 253

08 브러시 툴(🖌)을 클릭하고 이미지에 서 마우스 오른쪽 단추를 클릭하여 Size '400px', Hardness '0%'로 조정하여 브러 시를 크게 만들고 전경색을 흰색으로 선택 합니다. 브러시 툴(🖌)을 이용해 흰색으로 왼쪽 부분을 배경과 어울리게 색칠합니다.

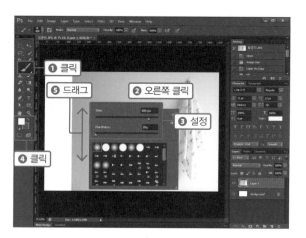

09 08과 마찬가지로 오른쪽 상단 부분도 자연스럽게 흰색으로 채워 줍니다. 브러시 사이즈를 '200px'로 조정해서 채워 주면 원본 이미지에 영향을 미치지 않습니다.

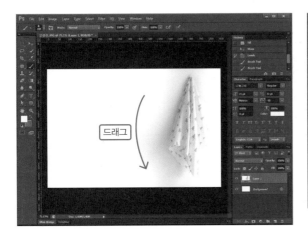 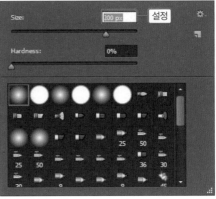

10 [File]–[Place] 메뉴를 클릭해 '메시지카드1.jpg' 이미지를 불러 옵니다. Shift 키를 누르면서 꼭 짓점을 잡고 대각선 방향으로 움직여 크기를 줄이고 적당한 위치에 이미지를 배치합니다. Enter 키를 눌러 적용합니다.

 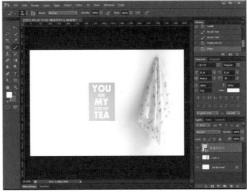

11 자연스럽게 만들기 위해 '메시지카드 1' 레이어를 선택하고 [fx]–[Drop Shadow]를 클릭하여 [Layer Style] 대화상자가 활성화되면 아래와 같이 입력합니다.

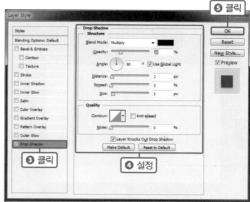

Opacity : 24%
Angle : 90
Distance : 2px
Spread : 0%
Size : 5px

Tip ─ Drop Shadow 기능 설명

❶ Opacity : 그림자의 투명도
❷ Angle : 그림자의 방향
❸ Distance : 그림자와 그림 사이의 거리
❹ Spread : 그림자 날카롭게 만들기
❺ Size : 그림자의 크기

---

12 [File]–[place] 메뉴를 이용해 '메시지카드2.jpg'를 삽입하고 **10**과 같은 작업을 해줍니다. 거기에 'Inner Shadow'를 조정하여 '메시지카드2' 레이어에 그림자를 삽입합니다.

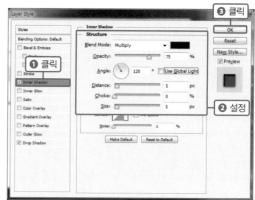

Opacity : 24%
Angle : 90
Distance : 2px
Spread : 0%
Size : 5px

Opacity : 75%
Angle : 120, Use Global Light 체크 해제
Distance : 5px
Choke : 0%
Size : 5px

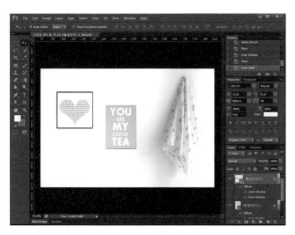

13 툴 바에서 사각형 툴(▨)을 선택하고 툴 옵션 바에서 [Fill] 색상을 '#fdcfd0'로 설정합니다.

14 이미지 하단에 사각형을 가로로 길게
그려 줍니다.

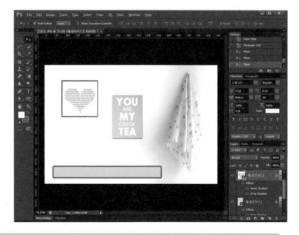

> **Tip** 위치가 안 맞을 때는 이동 툴(▸+)과 트랜스폼을 이용하여 조정해 주세요.
> 트랜스폼 단축키 : [Ctrl]+[T]

15 도형 위에 글을 입력합니다.

설정

Hello minime : 나눔바른펜 / 70pt / #a3a3a3
Summer Blanket : 나눔손글씨 펜 / 72pt / #ffffff

07 'Hit 상품' 도형(메달) 제작하기

어느 상세페이지에서나 자주 볼 수 있는 트로피, 메달, 인증서 마크 모양을 만들어 보고 싶지 않았나요? 간단하게 도형으로 제작하는 Hit 상품 도형 만들기로 상점을 돋보이게 하는 기능을 배워 보겠습니다.

📢 따라하기

완성 파일 ▶ Part2/Chapter2/Section7/메달_완성.psd

01 [File]-[New] 메뉴를 클릭해 새 파일을 열어 줍니다.

❶ 설정

❷ 클릭

02 사각형 툴(▢)에서 마우스 오른쪽 단추를 클릭하여 다각형 도형 툴(⬡)을 선택합니다.

03 툴 옵션 바에서 도형의 속성을 설정합니다.

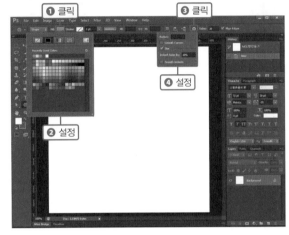

Sides : 30
모양 : Star
Indent Sides By : 10%
색상 : #ba904d

04 화면에 드래그하여 도형을 그려줍니다.

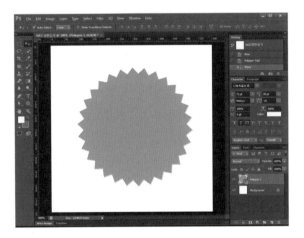

05 닷지 툴()을 클릭하여 옵션 바에 Exposure '15%', Protect Tones 체크를 해제하고 크기를 '300px'로 조정합니다.

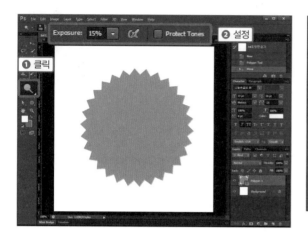

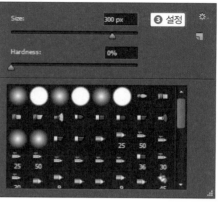

> **Tip**
>
> ### 경고창의 의미
>
> 텍스트 레이어나 도형 레이어에서 브러시 툴 등으로 화면을 클릭하면 발생하는 경고창으로 벡터 방식의 레이어를 레지스터화하여 글씨 수정, 도형 색상 변경 등의 벡터 속성을 사용하지 않는 일반 레이어로 변경된다는 경고입니다.
>
> 닷지 툴과 번 툴은 브러시 타입의 색상 변경 툴이므로 이번 단계에서는 [OK] 단추를 클릭하고 레지스터화하지만 유의해서 이용해야 합니다. 자칫 경고 문구를 읽지 않고 [OK] 단추를 클릭하면 텍스트를 다시는 수정하지 못 하게 될 수 있습니다.

06 조정 후 이미지를 클릭해 경고창이 발생하면 [OK] 단추를 클릭하고 도형의 위쪽 부분을 여러 번 드래그하여 밝게 만들어 줍니다.

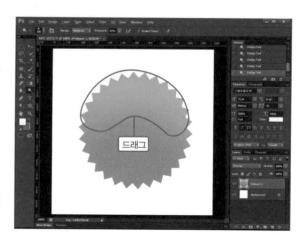

> **Tip**
>
> 여러 번 클릭하면 색이 달아나니 조심하세요!

07 닷지 툴(🔍)에서 마우스 오른쪽 단추를 클릭한 후 툴 옵션에서 Exposure '15%', Protect Tones 의 체크를 해제하고 크기를 '300px'로 설정합니다. 도형의 아래쪽 부분을 드래그하여 어둡게 만들어 줍니다.

 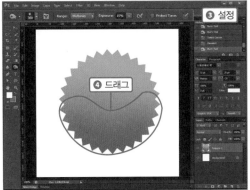

08 레이어를 복제합니다. 복제된 레이어를 선택하고 [Edit]–[Free Transform] 메뉴를 클릭합니다. 트랜스폼이 활성화되면 도형에서 마우스 오른쪽 단추를 클릭하여 [Rotate 180°]를 클릭합니다. 도형이 반전됩니다.

레이어 복제 단축키 : Ctrl + J

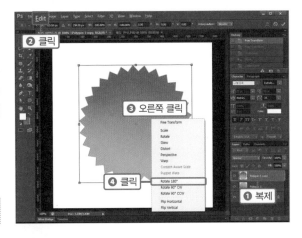

09 반전된 도형의 꼭짓점을 클릭하고 Alt + Shift 키를 누르면서 도형의 중심 방향으로 드래그합니다. 그림과 같이 적당한 크기로 줄이고 Enter 키를 눌러 완료합니다.

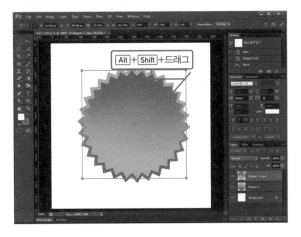

10 도형 위에 글씨를 적고 다음과 같이 레이어 스타일을 설정합니다.

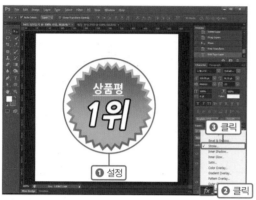 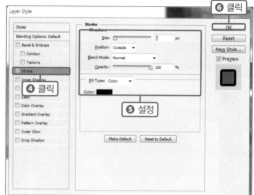

상품평
글꼴 : 나눔고딕 / **스타일** : ExtraBold / **크기** : 47pt /
색상 : #ffffff / 밑줄

1위
글꼴 : 나눔고딕 / **스타일** : ExtraBold / **크기** : 125pt /
색상 : #ffffff / **Layer Effect** : Stroke 6px, #000000

11 'Background' 레이어를 클릭하고 새 레이어()를 추가합니다. 올가미 툴(◯)을 마우스 오른쪽 단추로 클릭하여 다각형 올가미 툴(▽)을 선택합니다.

12 그림과 같이 클릭하여 띠 모양 선택
영역을 만들어 줍니다.

> **Tip** 다각형 올가미 툴(📧)은 클릭할 때마다 꼭짓점을 만드는 다각형 모양 선택 영역 툴입니다. 클릭해서 선
> 을 만들며 만들고자 하는 도형 모양으로 꼭짓점을 만들어가면 다각형 선택 영역을 만들 수 있습니다. 혹
> 시나 실수한 경우에는 키보드의 [Back Space]([←])키로 지울 수 있습니다. 툴 그리기 해제는 [Esc] 키, 선택
> 영역 해제는 [Ctrl]+[D] 키, 끝낼 때는 시작점을 다시 클릭해 주세요.

13 전경색을 '#cc0000'으로 설정하고
전경색을 채워줍니다.

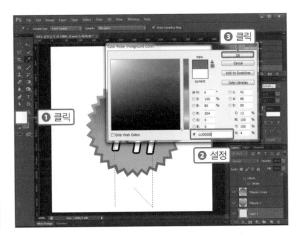

전경색 채우기 단축키 : [Alt] + [Delete]

14 번 툴()을 선택하고 화면에서 마우스 오른쪽 단추로 클릭하여 브러시 크기를 '90px'로 조정한 뒤 띠 도형의 왼쪽과 오른쪽 부분을 어둡게 만들어 줍니다. 'Expo-sure' 값을 올려 주면 여러 번 드래그하지 않아도 색이 쉽게 변합니다.

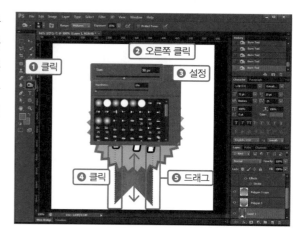

> **Tip** 번 툴과 닷지 툴로 색상이 잘 변하지 않는다면 'Protect Tones'에 체크가 해제되어 있는지 확인해 봅니다. 체크가 되어 있으면 색이 잘 변하지 않을 수 있습니다.

15 [Select]–[Deselect] 메뉴를 클릭해 선택 영역을 해제합니다.

> 선택 영역 해제 단축키 : Ctrl + D

> **Tip** 여러 레이어의 위치를 한꺼번에 이동하려면 이동 툴 옵션 바에서 'Auto-Select'에 체크하여 화면 내의 이미지를 Shift 키를 누르면서 선택합니다. 이어서 드래그하여 위치를 변경해 주면 됩니다.

내 상점의 이미지를 다른 사람이 복사하지 못하도록 저작권을 표시하는 워터마크! 패턴과 브러시를 활용한 워터마크로 여러분의 상점 이미지를 보호하는 방법을 배워 보겠습니다.

📢 따라하기

예제 파일 ▶ Part2/Chapter2/Section8/워터마크.jpg
완성 파일 ▶ Part2/Chapter2/Section8/워터마크_완성.psd

01 [File]–[Open] 메뉴로 '워터마크.jpg' 이미지를 불러 옵니다.

02 [File]–[New] 메뉴를 클릭한 후, [New] 대화상자에 아래사항을 입력해 패턴을 만들 빈 캔버스를 만듭니다.

Name : 패턴
Width : 150px
Height : 150pxa

03 가로 문자 툴(T.)을 클릭하고 화면에 상점의 이름을 입력합니다. 이때 폰트 설정을 그림과 같이 조정합니다.

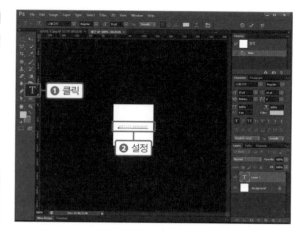

글꼴: 나눔고딕
크기: 15pt
색상: #cccccc

04 입력한 텍스트를 이동 툴(▶+)로 클릭합니다. [Ctrl]+[T] 키를 눌러 트랜스폼으로 −45도 회전한 후 [Enter] 키를 누릅니다.

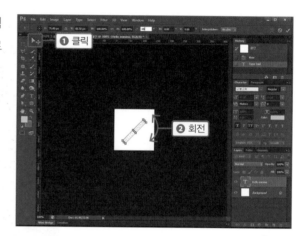

05 위치를 중앙으로 이동하고 'Background' 레이어를 숨겨 줍니다.

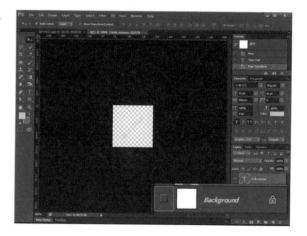

06 [Edit]–[Define Pattern] 메뉴를 클릭해 [Pattern Name] 대화상자에서 이름을 '워터마크'로 입력하고 저장합니다.

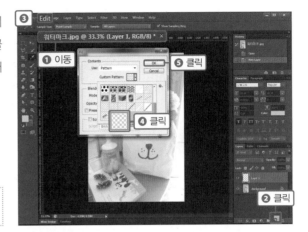

07 '워터마크.jpg' 파일로 돌아가 새 레이어를 추가합니다. [Edit]–[Fill] 메뉴를 클릭한 후 **06**과정에서 저장한 워터마크 패턴을 선택하고 [OK] 단추를 클릭합니다.

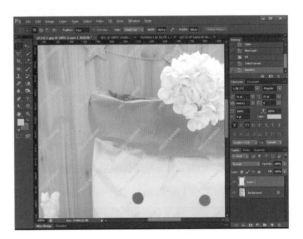

Use : Pattern
Custom Pattern : 워터마크

08 워터마크가 삽입된 것을 확인할 수 있습니다.

워터마크를 브러시로 만들어 봅시다.

❶ 원하는 글씨를 검정색으로 입력하고 [Edit]-[Define Brush Preset] 메뉴를 클릭해 브러시 이름을 설정합니다.

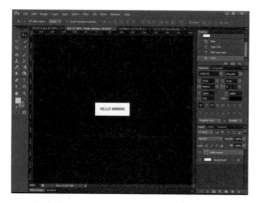

❷ 원하는 전경색을 선택하고 브러시 툴( )을 클릭해서 브러시를 저장한 브러시로 변경합니다.

❸ 화면 원하는 곳에 클릭하면 완성됩니다. 다양한 브러시를 만들어 활용합니다.

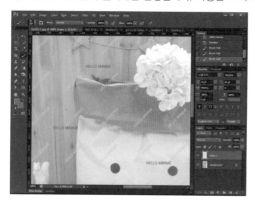

SECTION 09 클리핑 마스크로 로고 제작하기

레이어의 다양한 기능 중 마스크 기능을 배워 봅시다. 마스크는 레이어의 꽃이라고
불릴만큼 자주 사용하는 기능이고, 원본을 보관하기 때문에 디자이너는 수십 개의 마
스크를 활용합니다. 레이어 마스크와 클리핑 마스크를 이용하여 예쁜 상점로고를 제
작해 보세요.

📢 따라하기

예제 파일 ▶ Part2/Chapter2/Section9/클리핑마스크로로고제작하기.psd
완성 파일 ▶ Part2/Chapter2/Section9/클리핑마스크로로고제작_완성.psd

01 '클리핑마스크로고제작하기.psd' 파
일을 열고 새 레이어를 추가합니다.

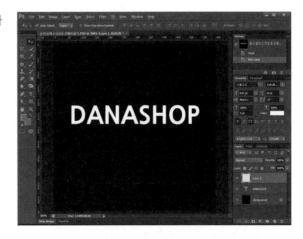

02 전경색을 '#d36aff'으로 변경합니다.

03 브러시 툴(✎)을 클릭합니다. F5 키를 눌러 [Brush] 대화상자를 열고 각각의 메뉴마다 조정해 줍니다.

Hard Round : 30 / Spacing : 200%

Shape Dynamics : 체크 / Size Jitter : 100%

Scattering : 체크
Scatter : 467% / Count 1

Color Dynamics : 체크
Apply Per Tip : 체크 / Hue Jitter : 100%

04 F5 키를 눌러 [Brush] 대화상자를 닫아 주고 화면에서 드래그하면 무작위로 색상과 크기로 원이 그려집니다. 여러 번 드래그해 원하는 만큼 색칠합니다.

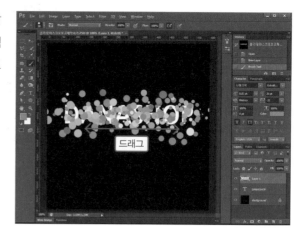

05 'Layer1' 레이어에서 마우스 오른쪽 단추로 클릭한 후 [Create Clipping Mask]를 클릭하여 아래에 있는 글씨에 그려진 브러시를 마스킹합니다.

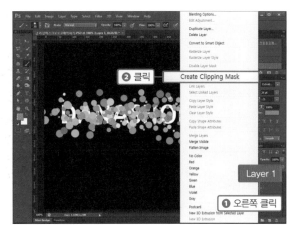

Tip 클리핑 마스크란 선택된 레이어의 그림을 아래에 있는 레이어 그림의 모양에 맞게 마스크를 씌워 나머지 그림 부분을 숨겨주는 기능입니다. 레이어 모양이 바뀌는 것을 확인하세요!

06 'DANASHOP' 레이어를 선택하고 복제합니다.

레이어 복제 단축키 : Ctrl + J

07 'DANASHOP' 레이어를 선택하고 Ctrl+T 키를 눌러 트랜스폼을 활성화합니다.

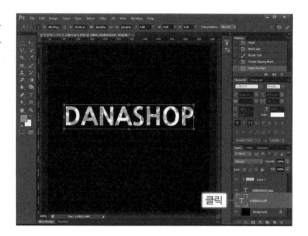

08 위쪽 가운데 부분을 클릭하여 아래로 드래그합니다. 방향키로 위치를 그림과 같이 정교하게 맞춰 줍니다.

09 Enter 키를 눌러 적용하고, Add layer mask( )를 클릭합니다.

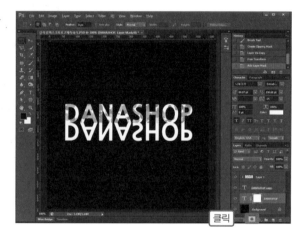

10 전경색은 검정색, 배경색은 흰색으로 조정합니다. 그레이디언트 툴()을 선택하고 아래에서 위로 드래그합니다.

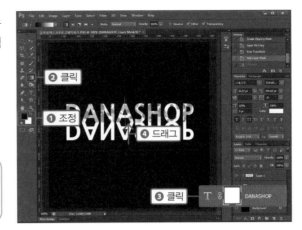

Tip ◀ 전경색은 검정색이고, 배경색은 흰색인 기본 색상으로 설정할 때 단축키는 D 입니다.

11 반사된듯한 느낌의 이미지가 완성되었습니다.

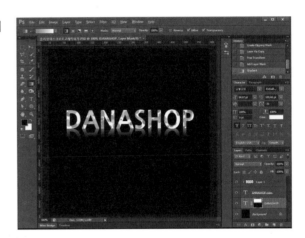

Tip
레이어 마스크

레이어 마스크는 선택한 레이어에 마스크를 씌우는 기능으로 검정색을 칠한 부분의 그림은 사라지고, 흰색으로 칠한 부분은 그대로 보여집니다. 원본을 보존하면서 특정 부분의 이미지를 숨길 때 주로 사용합니다.

이번에 학습하는 상세페이지 디자인은 신상품 소개나 이벤트 페이지로 활용할 수 있습니다. [Styles] 패널을 이용하여 자주 사용하는 레이어 스타일을 저장하고 필요할 때마다 불러서 손쉽게 디자인해 보세요!

📣 따라하기

예제 파일 ▶ Part2/Chapter2/Section10/상품진열장.psd
완성 파일 ▶ Part2/Chapter2/Section10/상품진열장_완성.psd

01 '상품진열장.psd' 파일을 열고, '받침대' 레이어를 선택합니다. 이동 툴(⊕)을 선택하고 Alt 키를 누른 채 드래그하면 받침대가 복사됩니다.

02 [File]–[Open] 메뉴를 클릭해 '핸드폰케이스.psd'를 불러 옵니다. '핸드폰케이스.psd' 파일의 탭 이름 부분을 클릭한 후 드래그앤드롭하여 화면을 탭에서 분리합니다.

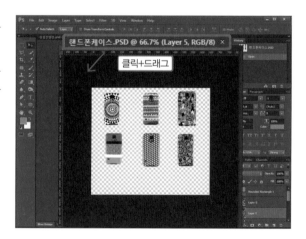

03 이동 툴(▶+)을 선택하고 'Auto-Select : Layer'에 체크한 후 핸드폰 케이스를 '상품진열장.psd' 파일에 옮겨 놓습니다. 핸드폰케이스를 하나씩 클릭하여 '상품진열장.psd' 파일에 드래그앤드롭합니다.

04 이동 툴(▶+)로 핸드폰케이스와 받침대의 위치를 조정하여 그림과 같이 맞춰 줍니다.

05 이동한 '핸드폰 케이스' 레이어의 이름 부분을 더블클릭하여 각각 핸드폰케이스 1~6으로 변경합니다.

06 '핸드폰케이스1' 레이어를 선택합니다. [fx]–[Drop Shadow]로 그림과 같이 조정합니다.

 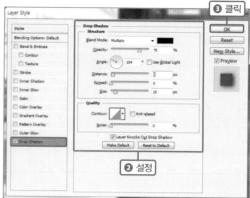

Opacity : 75% / Angle : 154 / Use Global Light : 체크 해제
/ Distance : 5px / Spread : 0% / Size : 15px

07 '핸드폰케이스1' 레이어가 선택되어 있는 상태로 [Window]–[Styles] 메뉴를 클릭해 [Styles]
패널을 활성화하고 'New Style'을 클릭합니다. 이름을 '그림자'로 지정하고 [OK] 단추를 클릭합니다.

08 [Layers] 패널에서 '핸드폰케이스2' 레이어를 클릭하고 Shift 키를 누른 상태로 '핸드폰케이스6' 레이어를 클릭하면 '핸드폰케이스2~6' 레이어가 함께 선택됩니다.

09 선택된 레이어에 그림자 스타일을 클릭하여 그림자 레이어 이펙트를 적용합니다.

fx 레이어 이펙트 스타일로 저장하기

자주 사용하는 그림자, 테두리 등의 스타일을 만들어 [Styles] 패널에 저장하고 바로 적용하면 쉽게 여러 레이어에 스타일을 적용할 수 있습니다. 인터넷에서 레이어 스타일을 검색하여 다운로드한 후 레이어 스타일을 삽입해 보세요! 다양한 효과를 누릴 수 있습니다.

11 모델 다리 늘리기

사진을 찍은 후 모델의 다리를 늘림으로써 날씬해 보이는 효과가 나타납니다. 실제
사진으로 자연스럽게 다리 길이를 보정하는 방법을 알아보겠습니다.

📢 **따라하기** ─────────────────────────────

예제 파일 ▶ Part2/Chapter2/Section11/다리늘리기.psd
완성 파일 ▶ Part2/Chapter2/Section11/다리늘리기_완성.psd

STEP 1 **다리 늘리기**

01 [File]–[Open] 메뉴로 '다리늘리기.psd'
파일을 불러옵니다.

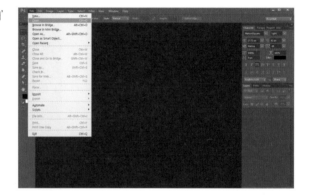

02 사각형 선택 툴(▣)을 이용하여 다리
영역을 화면과 같이 선택합니다.

03 Ctrl+C 키를 눌러 선택된 영역을 복사한 후 Ctrl+V 키를 눌러 선택영역을 붙여넣습니다. 복사된 레이어의 이름을 '다리부분'으로 설정합니다.

04 사각형 선택 툴(▣)을 이용하여 신발 영역을 화면과 같이 선택합니다.

05 Ctrl+C 키를 눌러 선택된 영역을 복사하고 Ctrl+V 키를 눌러 선택 영역을 붙여넣습니다. 복사된 레이어의 이름을 '신발부분'으로 설정합니다.

06 '신발부분' 레이어를 선택하고 이동
툴( )을 이용하여 신발을 아래로 이동합
니다.

07 '다리부분' 레이어를 선택합니다.
Ctrl + T 키를 눌러 트랜스폼을 활성화합
니다.

08 하단 조절점을 클릭하고 아래로 내립
니다. '신발부분' 레이어와 자연스럽게 겹
치게 조절합니다.

자연스럽게 정리하기

09 Enter 키를 눌러 적용하고, 돋보기 툴(🔍)을 클릭해 신발 부분을 확대합니다. 자연스럽지 않은 부분을 확인합니다.

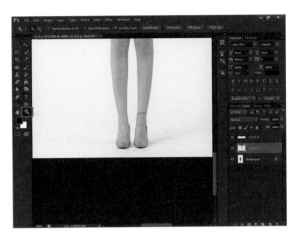

10 [Filter]-[Liquify] 메뉴를 활성화하여 다리의 휜 부분과 자연스럽지 않은 부분을 조정합니다.

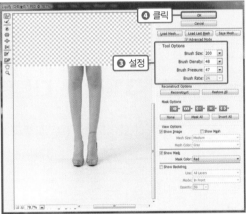

11 신발 부분과 다리 부분의 자연스럽지 않은 경계를 제거하기 위해 지우개 툴을 이용하여 신발 부분의 경계선을 지워 줍니다

12 완성된 모습입니다.

Tip

배경이 있을때 다리를 늘릴려면?

배경까지 같이 선택해서 늘리세요. 배경은 그대로 있고 다리만 늘릴려면 많은 기능이 요구되고 자연스럽지 않을 수 있습니다. 티가 나지 않을만큼 적당히 늘려 주고, [Filter]–[Liquify]의 기능 중 배경을 잠금 기능으로 조정하면 쉽게 할 수 있습니다.

SECTION **12 구겨진 옷 다림질하기**

다림질을 했어도 촬영 후에 결과물을 보면 주름이 보일 때가 많습니다. 이럴 때 사용할 수 있는 구겨진 옷을 다리는 방법을 알아봅니다.

📢 **따라하기**

예제 파일 ▶ Part2/Chapter2/Section12/다리늘리기.psd
완성 파일 ▶ Part2/Chapter2/Section12/구겨진옷다림질_완성.jpg

01 [File]–[Open] 메뉴로 '다리늘리기.psd' 파일을 불러옵니다.

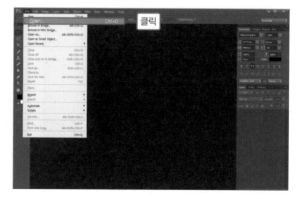

02 툴 바에서 스팟 힐링 툴(✏️)을 마우스 오른쪽 단추로 클릭해 패치 툴(🔲)을 선택합니다.

03 구겨진 부분을 선택해 영역을 만들어 줍니다.

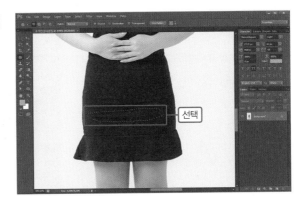

04 선택된 영역을 드래그하여 구겨지지 않은 다른 부분으로 가져갑니다.

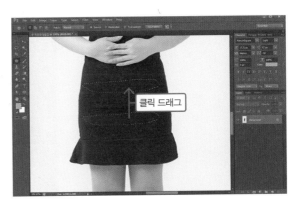

05 구겨졌던 부분이 없어진 것을 확인할 수 있습니다.

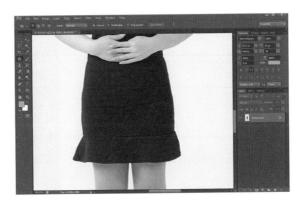

06 다른 구겨진 부분도 똑같이 진행합니다.

07 이번에는 좁고 굴곡이 많은 상의 쪽의 구겨진 부분을 없애기 위해 툴 바에서 도장 툴(🖌)을 클릭한 후 툴 옵션 바에서 size를 '13'px로 조절합니다.

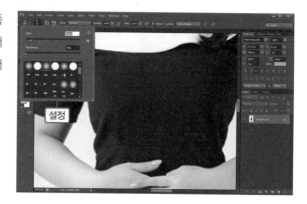

08 복사하고자 하는 부분에서 Alt 키를 누른 채 클릭 후 수정할 부분을 다시 클릭합니다.

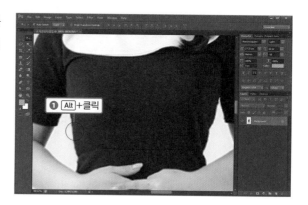

09 반대편도 구김과 경계선이 생기지 않게 도장 툴로 수정합니다.

10 전체 사진으로 확인하면 구겨졌던 옷들이 말끔해졌습니다.

11 이어지는 부분을 좀 더 자연스럽게 하기 위해 [Filter]–[Liquify] 메뉴를 클릭합니다.

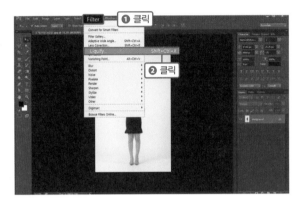

12 왼쪽 툴 바에서 'Forward Warp Tool()'을 클릭한 후 오른쪽 'Tool Options'에서 Brush Size는 '30'으로, Brush Pressure는 22로 수정합니다.

13 튀어나온 부분을 문질러 자연스럽게 수정한 다음 [OK] 단추를 클릭하면 튀어나왔던 부분이 좀더 자연스럽게 된 것을 확인할 수 있습니다.

간혹 제품 사진 중 조명이나 설정 오류로 이미지에 노란색이 덧입혀져 나올 때가 있습니다. 이러면 제품 색이 왜곡돼 혼란을 줄 수 있으니 수정하는 것이 좋습니다.

📢 **따라하기**

예제 파일 ▶ Part2/Chapter2/Section13/노랑끼빼기.jpg
완성 파일 ▶ Part2/Chapter2/Section13/노랑끼빼기_완성.jpg

01 [File]–[Open] 메뉴로 '노랑끼빼기.jpg' 파일을 불러옵니다.

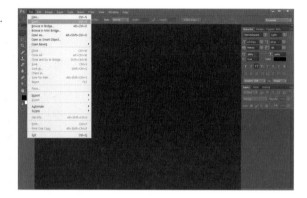

02 [Image]–[Adjustments]–[Levels] 메뉴를 클릭합니다.

Tip Levels 단축키 : Ctrl + L

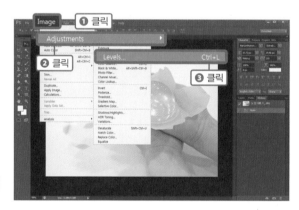

03 [Levles] 대화상자에서 '흰색 스포이트(✐)'를 클릭한 후 지금은 노랑색으로 보이지만 원래 흰색이었을 것으로 생각되는 곳을 클릭한 후 [OK] 단추를 클릭합니다.

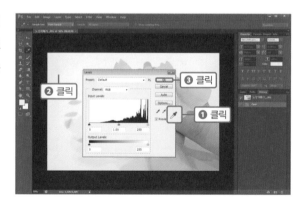

[Levels] 대화상자 메뉴

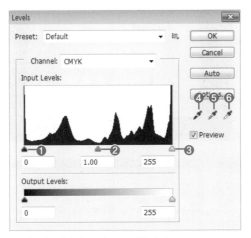

❶ 어두운 영역의 크기를 조절합니다.

❷ 감마 영역을 조절하는 기능으로, 주로 회색 영역의 명도 값을 보정하는 기능입니다.

❸ 밝은색의 영역의 크기를 조절합니다.

❹ 이미지 특정 부분을 클릭하여 해당하는 색상을 검은색으로 보정합니다.

❺ 이미지 특정 부분을 클릭하여 해당하는 색상을 회색으로 보정합니다.

❻ 이미지 특정 부분을 클릭하여 해당하는 색상을 흰색으로 보정합니다.

04 사진 중에 가장 밝은 곳을 클릭하면 노란색이 빠지는 것을 확인할 수 있습니다.

05 손 주위에 파란끼가 있는 것을 확인할 수 있습니다. 이렇게 파란끼가 있을 경우 [Image]–[Adjustments]–[Curves] 메뉴를 클릭합니다.

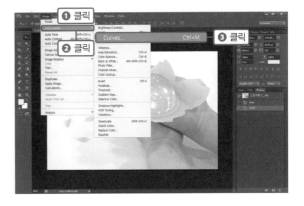

06 [Curves] 대화상자에서 곡선을 다음과 같이 수정하여 보정한 후 [OK] 단추를 클릭합니다.

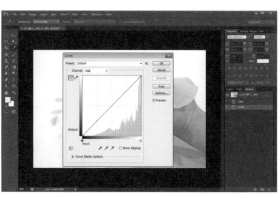

> Output : 115
> Input : 88

> Output : 175
> Input : 170

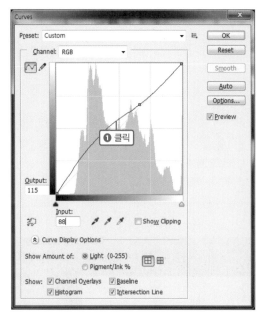

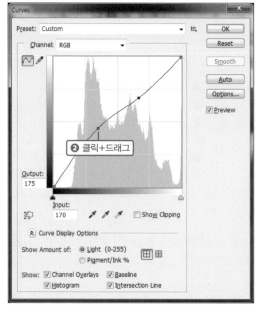

07 노란끼와 파란끼가 조정된 것을 확인할 수 있습니다.

MEMO

PART

03

오픈마켓
상세페이지
실전 제작하기

오픈마켓의 주 카테고리인 식품, 공산품, 화장품, 패션 등 카테고리별 상세페이지 특징을 알아보고 가장 중요한 요소들을 실제로 제작해 보도록 하겠습니다.

CHAPTER
01

카테고리별 상세페이지의 특징

카테고리별로 수수료가 상이한 만큼 상세페이지에도 뚜렷한 콘셉트가 있습니다. 그러기 위해선 사진 보정부터 다양한 스킬이 필요합니다. 이미지만 보고 상품의 구매를 결정하는 고객에게 어필할 수 있는 상세페이지를 주제별로 알아보도록 하겠습니다.

SECTION

01 식품류 상세페이지의 특징
(송이토마토 상세페이지 제작)

식품류 상세페이지는 가장 중요한 부분이 '신뢰'입니다. 직접 재배, 국내산 등 고객이 좋아하는 단어들이 명확합니다. 사진은 정감가고 신선해 보이는 사진을 사용하는 것이 좋으며, 실제 생산자의 모습과 재배 농원의 모습을 보여 주는 것이 신뢰를 얻는 가장 좋은 방법입니다. 상품 이미지와 카피 문구, 실제 생산자의 모습을 담은 상세페이지를 함께 만들어 봅시다.

📢 따라하기

예제 파일 ▶ Part3/Chapter1/Section1
완성 파일 ▶ Part3/Chapter1/Section1/송이토마토인트로_완성.psd

STEP 1 상세페이지 기본 틀 만들기

01 [File]-[New] 메뉴를 클릭하여 [New] 대화상자에서 아래와 같이 설정합니다.

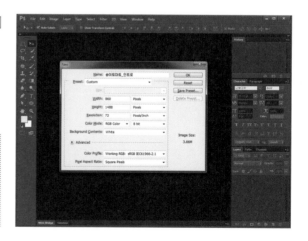

Name : 송이토마토_인트로
Width : 860px
Height : 1488px
Resolution : 72
Color Mode : RGB Color
Background Contents : White

02 툴 바에서 사각형 툴(▣)을 클릭하여 사각형을 그려 줍니다. [Layers] 패널에서 레이어 이름을 더블클릭하여 '박스1'로 변경합니다.

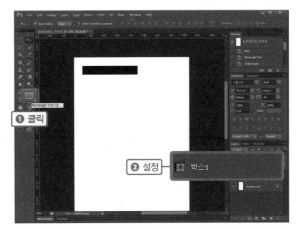

Width : 410px
Height : 63px

03 문자 툴(T.)을 선택하여 그림과 같이 문구를 입력한 후 [Character] 패널에 아래와 같이 설정하여 작성해 줍니다. 이동 툴(▶)을 선택하여 그림과 같이 문구들을 배치합니다.

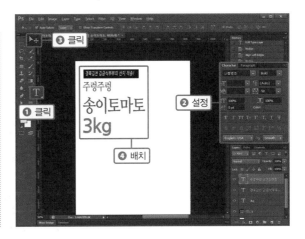

상단 문구
글꼴 : 나눔고딕 / **크기** : 37pt / **색상** : #ffffff

타이틀 문구
주렁주렁
글꼴 : 나눔명조 / **스타일** : Bold / **크기** : 76pt
색상 : #9a1111
송이토마토
글꼴 : 나눔명조 / **스타일** : ExtraBold / **크기** : 130pt
색상 : #9a1111
3kg
글꼴 : 나눔고딕 / **스타일** : Bold / **크기** : 140pt
색상 : #d51f0c

04 [File]–[Place] 메뉴를 클릭하여 '송이토마토_2.jpg' 파일을 불러옵니다. 그림과 같이 줄기 부분을 우측에 맞춰서 배치합니다. 레이어 이름을 '이미지1'로 변경합니다. 이미지가 텍스트 위쪽에 위치하고 있어서 텍스트가 가려지기 때문에 [Layers] 패널에서 '이미지1' 레이어를 선택한 후, 드래그하여 텍스트 밑으로 이동합니다.

Tip 레이어 위치 변경이 헷갈리는 분은 Part 2의 66~69쪽을 참고하세요.

05 사각형 툴()을 클릭하여 사각형을 그려 줍니다. [Layers] 패널에서 레이어 이름을 더블클릭하여 '박스2'로 변경합니다.

Width : 860px
Height : 224px
색상 : #d51f0c

06 '박스1' 레이어를 선택한 뒤, [Layers]
패널 하단에 [Create a new layer]를 클릭
하여 새 레이어를 만들어 줍니다.

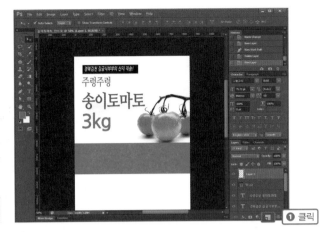

① 클릭

새 레이어 단축키 : Ctrl + Shift + N

07 펜 툴(🖊)을 이용하여 사각형의 오른쪽 부분에 그림과 같이 그려 줍니다. [Paths] 패널에서 레이어를 Ctrl 키를 누른 채 클릭하여 선택합니다.

① 클릭

② 클릭

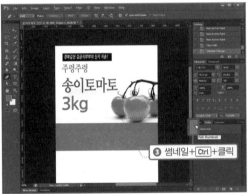

③ 썸네일 + Ctrl + 클릭

08 전경색을 '#9a1111'로 바꿔준 뒤, Alt + Delete 키를 눌러 색상을 적용합니다. 선택 영역으로 지정된 부분에 만들어 둔 새 레이어만 적용됩니다. Ctrl + D 키를 눌러 선택 영역을 해제합니다.

① 클릭

② Alt + Delete

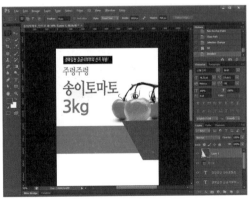

09 마우스 오른쪽 단추를 클릭하여 [Create Clipping Mask]를 선택합니다. 클리핑 마스크를 적용하여 '박스1' 레이어 안쪽으로 이미지를 배치합니다.

클리핑 마스크 단축키 : Alt + Ctrl + G

10 그림자 효과를 주기 위해 [Layers] 패널 하단 [fx]의 [Drop Shadow]를 선택합니다. 세부사항을 설정하고 [OK] 단추를 클릭하여 적용합니다. 레이어 이름을 '우측포인트'로 변경합니다.

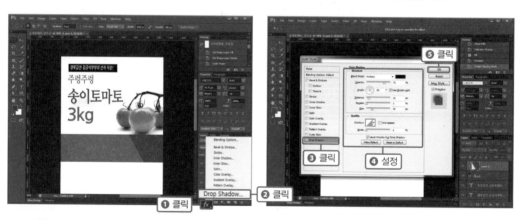

Opacity : 75%
Angle : -50
Distance : 10px
Size : 49px

11 문자 툴(T.)을 선택하여 그림과 같이 문구를 입력한 후 [Character] 패널에 아래와 같이 설정하여 제품 상세 설명을 작성합니다. 이동 툴(+)을 선택하여 문구를 '박스1' 레이어 위에 알맞게 배치합니다.

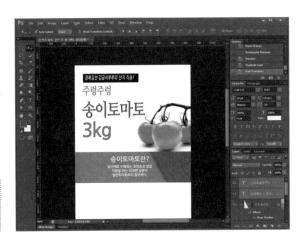

> **글꼴** : 나눔고딕 / **스타일** : Bold
> **크기** : 제목 49p / 내용 25pt
> **색상** : 제목 #ffee5d / 내용 #ffffff

12 원형 툴(●)을 클릭하여 도형을 그려 왼쪽에 넣어 줍니다. [Layers] 패널 하단의 [fx]의 [Stroke]를 선택한 뒤, 세부사항을 설정합니다. 레이어 이름을 '마스크'로 변경합니다.

> **원형**
> Width : 288px
> Height : 288px
>
> **레이어**
> Size : 0px
> Position : Outside
> Color : #ffee5d

13 [File]-[Place] 메뉴를 클릭하여 '송이토마토_2.jpg' 파일을 불러옵니다. 마스크 레이어 크기에 맞춰 조절한 뒤 Enter 키를 눌러 승인합니다. Ctrl+Alt+G 키를 눌러 클리핑 마스크를 적용합니다. 레이어 이름을 '이미지2'로 변경합니다.

14 [File]–[Place] 메뉴를 클릭하여 '마크.jpg' 파일을 불러옵니다. Enter 키를 눌러 그림과 같이 크기를 조절한 뒤 배치합니다.

15 마스크 레이어 아래의 텍스트 레이어를 선택한 뒤, [File]–[Place] 메뉴를 클릭하여 '송이토마토_3.jpg' 파일을 불러옵니다. 크기를 조절한 뒤 배치시켜 줍니다.

16 레이어 마스크를 이용하여 이미지의 경계선을 자연스럽게 만들어 줘 봅시다. Add layer mask(🔲)를 클릭하여 레이어에 마스크를 적용합니다.

17 브러시 툴()을 선택한 뒤 세부사항을 설정합니다. 이미지의 위쪽 부분을 브러시로 칠하면 검정색을 칠한 부분의 이미지가 보이지 않으며 경계선이 부드럽게 처리됩니다.

Size : 200px
Opacity : 80%
색상 : #000000

18 [Layers] 패널에서 지금까지 작업한 레이어를 Shift 키를 눌러 모두 선택한 뒤, [Layers]–[Group Layer] 메뉴를 클릭하여 그룹으로 묶어 줍니다. 그룹 이름을 '인트로'로 변경합니다.

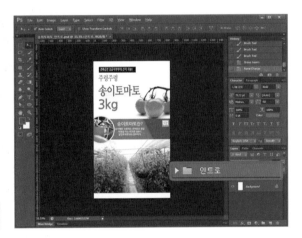

레이어 그룹 설정 단축키 : Ctrl + G

생산자 소개 제작하기

19 페이지에 이어서 생산자 소개를 제작하도록 하겠습니다. 설정해 둔 캔버스의 사이즈가 내용을 추가하기에는 작기 때문에 캔버스 사이즈를 늘려 줍니다. 자르기 툴(♯.)을 선택합니다. 상하좌우로 조절점이 생기는 걸 확인할 수 있습니다. 조절점을 이용하여 하단을 늘려 줍니다.

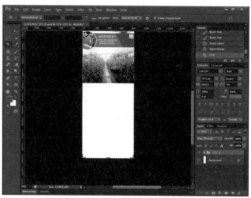

20 물방울 모양의 번호 표시를 만들기 위해 원형 툴(◯)과 사각형 툴(◻)을 클릭 하여 각각의 도형을 그려 줍니다.

원형
Width : 100px
Height : 100px
색상 : #d51f0c

사각형
Width : 50px
Height : 50px
색상 : #d51f0c

21 원형과 정사각형 레이어 두 개를 Shift 키를 눌러 동시에 선택합니다. 이동 툴(▸+)을 클릭하면 나타나는 상단 옵션 바 의 정렬을 이용하여 왼쪽 정렬, 아래쪽 정 렬을 설정하면 그림과 같은 모양이 만들어 집니다.

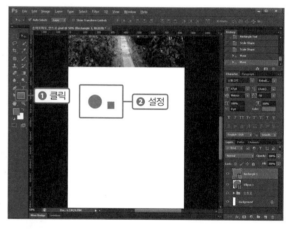

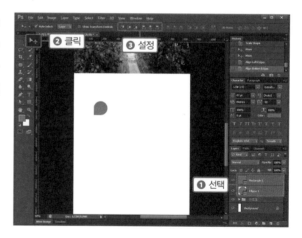

22 [Layers] 패널에서 두 개의 레이어를 선택한 상태에서 마우스 오른쪽 단추를 클릭하여 [Merge Shapes]를 선택합니다. 두 레이어가 하나로 합쳐집니다. 레이어 이름을 '물방울'로 변경하고 중앙에 배치합니다.

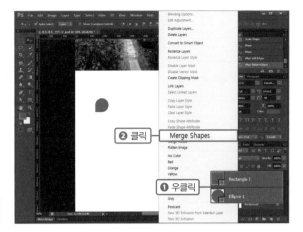

레이어 병합 단축키 : Ctrl + E

23 문자 툴(T.)을 선택하여 '01' 문구를 입력한 후 [Character] 패널에 아래와 같이 설정하여 작성합니다. 물방울 레이어 위에 그림과 같이 문구를 배치합니다.

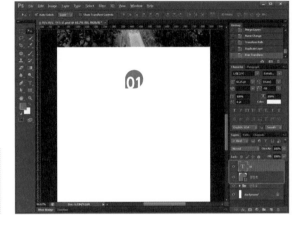

글꼴 : 나눔고딕
스타일 : ExtraBold
크기 : 82pt
색상 : #ffffff

24 사각형 툴(■.)을 클릭하여 정사각형을 그려줍니다. 문자 툴(T.)을 선택하여 '생산자 소개' 문구를 입력한 후 [Character] 패널에 아래와 같이 설정하여 작성합니다. 사각형과 문구를 배치합니다.

사각형
Width : 34px / **Height** : 4px / **색상** : #595959

글꼴 : 나눔고딕 / **스타일** : Bold / **크기** : 46pt

따옴표 안 문구
크기 : 32pt
색상 : #595959

25 둥근 사각형 툴(▢)을 클릭하여 다음의 둥근 사각형을 그려 줍니다. 레이어 이름을 '마스크2'로 변경합니다.

둥근 사각형
Width : 706px
Height : 399px
Radius : 30px

26 [File]-[Place] 메뉴를 클릭하여 '생산자이미지.jpg' 파일을 불러온 뒤, Ctrl + Alt + G 키를 눌러 클리핑 마스크를 적용하여 '마스크2' 사각형 안으로 이미지를 넣습니다.

Tip [Open]으로 파일을 불러오면, 새 창으로 파일이 열리고 [Place]로 파일을 불러오면, 작업창으로 파일이 열립니다. [Place]는 트랜스폼 기능이 자동으로 활성화되어 Enter 키로 승인 후에 클리핑 마스크를 적용하면 됩니다.

27 문자 툴(T)을 선택하여 그림과 같이 생산자 소개 문구를 입력한 후 [Character] 패널에 아래와 같이 설정하여 작성합니다.

글꼴 : 나눔고딕
크기 : 21pt
색상 : #595959

28 [Layers] 패널에서 지금까지 작업한 레이어를 Shift 키를 눌러 모두 선택한 뒤, [Layers]–[Group Layer] 메뉴를 클릭하여 그룹으로 묶어 줍니다. 그룹 이름을 더블 클릭하여 '01'로 변경합니다.

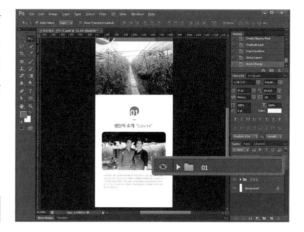

레이어 그룹 설정 단축키 : Ctrl + G

29 '01' 그룹을 복제하여 특징을 추가하는 설명을 넣어 상세페이지를 완성합니다.

02 공산품 상세페이지의 특징 (모기장 상세페이지 제작)

공산품 상세페이지는 사은품 증정과 같은 이벤트와 가격이 좌우합니다. 상품 이미지나 제품의 가격에서 차이가 없다면 그때부터는 상세페이지의 신뢰성이 중요합니다. 가령 질 나쁜 중국산 제품도 고퀄리티 제품으로 보여지도록 하는 것이 가장 중요합니다. 제가 실제로 제작해서 2014년에 1,000개 이상 판매된 상품의 페이지를 통해 노하우를 알아보도록 하겠습니다.

📢 따라하기

예제 파일 ▶ Part3/Chapter1/Section2/모기장인트로.psd
완성 파일 ▶ Part3/Chapter1/Section2/모기장인트로_완성.psd

STEP 1 **인트로 제작하기**

01 [File]-[Open] 메뉴를 클릭하여, '모기장인트로_시작.psd' 파일을 열어 레이어 그룹을 확인합니다.

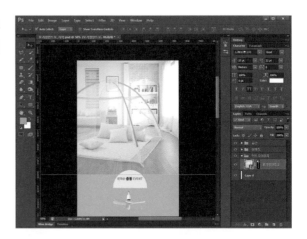

02 '인트로이미지' 레이어 그룹의 '모기장인트로' 레이어를 선택하고, 원형 툴(⬤)로 상단에 원을 그립니다.

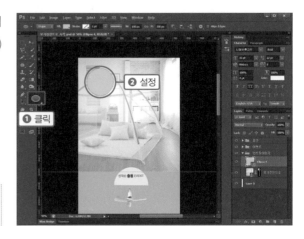

┌─────────────────┐
원
색상 : #93e5fd
└─────────────────┘

03 아래 텍스트를 입력합니다.

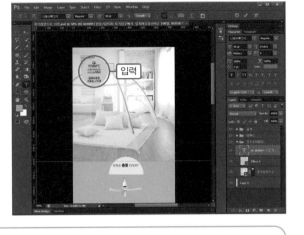

 Tip

도형 안에 글씨가 입력되는 경우
도형을 그린 후 도형에 패스(도형의 외곽 부분 선)가 보일 때 문자 툴로 글씨를 입력하면 도형 내부에 입
력되어 정렬이나 간격 맞추기가 어렵습니다. 이럴 때는 Esc 키를 눌러 패스를 해제하고 글씨를 입력하면
됩니다.

04 선 툴( )로 글씨 사이에 선을 추가
합니다.

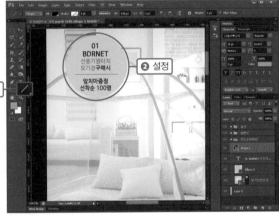

05 선을 점선으로 만들기 위해 Add
layer Mask( )를 클릭해 생성합니다.

06 브러시 툴(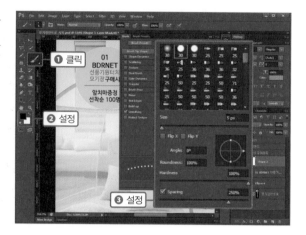)을 선택하고 전경색은 '#000000'을 선택한 후, F5 키를 눌러 그림과 같이 설정합니다.

07 F5 키를 다시 눌러 [Brush] 옵션 바를 닫고 선 위에서 Shift 키를 누른 채 오른쪽으로 드래그합니다.

08 Ctrl 키를 누른 채 점선, 글씨, 원 레이어를 클릭하여 함께 선택합니다.

> **Tip** 레이어의 썸네일이 아니라 레이어의 이름 부분을 클릭해야 합니다. Ctrl 키를 누른 채 레이어의 썸네일을 클릭하면 해당 레이어의 그림이 선택 영역으로 만들어져 레이어 선택이 잘 되지 않을 수 있습니다.

09 이동 툴( )을 선택하고 방금 작업한 원 위에서 Alt 키를 누르면서 드래그하여 오른쪽 하단으로 복제합니다.

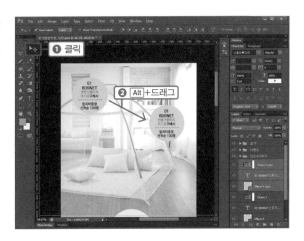

10 복제된 'Ellipse 4 copy' 레이어의 썸네일을 더블클릭하여 색상을 변경하고, 글씨도 함께 변경합니다.

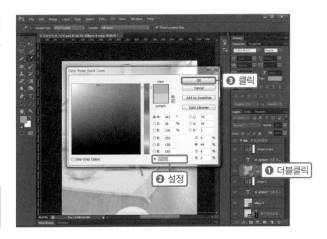

오른쪽 원
색상 : #ff9eb9

11 다각형 툴( )로 두 개의 원 사이에 육각형을 그려줍니다.

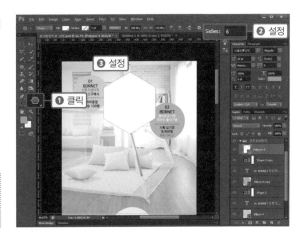

도형 설정
색상 : #ffffff
Sides : 6

12 그린 육각형의 Opacity를 '73%'로 변경하고 다음 문구를 입력합니다.

국내최초
글꼴 : 나눔바른고딕 / **크기** : 18pt / **색상** : #25a6cb

선풍기~출기시념
글꼴 : 나눔명조 / **크기** : 34pt / **색상** : #000000

선/착/순~
글꼴 : 나눔바른고딕 / **크기** : 21pt
색상 : #000000

STEP 2 │ 이벤트 영역 제작하기

13 '이벤트' 레이어 그룹 안의 '이벤트원' 레이어를 선택합니다.

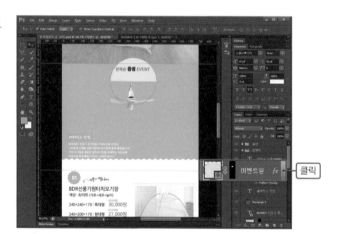

14 [File]–[Place] 메뉴를 클릭하여 '핑크리본.psd' 파일을 배치하고 Enter 키를 누릅니다.

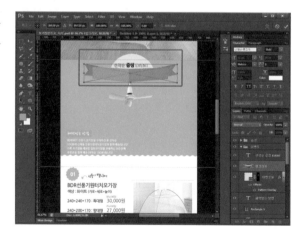

15 문자 툴()로 리본의 왼쪽 부분을
클릭하여 글자를 입력합니다.

> **글꼴** : 나눔바른고딕
> **스타일** : Bold
> **크기** : 42pt
> **색상** : #ffffff

16 방금 작성한 텍스트 레이어를 우클릭
하여 [Warp Text]를 누릅니다. 아래와 같이
설정합니다.

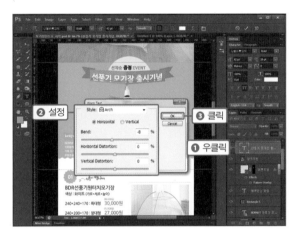

> **Style** : Arch
> **Horizontal** : 체크
> **Bend** : -8%

17 선풍기가 회전하는 것처럼 연출하
기 위해 선풍기 레이어의 썸네일을 선택합
니다. 그리고 '선풍기' 레이어의 마스크를
Ctrl 키를 누르면서 클릭합니다. 선택 영역
을 복사해서 붙여넣기합니다. 복제된 레이
어 이름을 '선풍기 날개'로 지정합니다.

18 선풍기 날개가 움직이는 것처럼 만들기 위해 [Filter]–[Blur]–[Motion Blur] 메뉴를 클릭합니다. 아래와 같이 설정한 후 [OK] 단추를 클릭합니다.

Angle : 42°
Distance : 29

19 Ctrl+T 키를 눌러 선풍기 날개를 회전시켜 줍니다.

20 지우개 툴(🧽)로 선풍기의 가운데 부분을 삭제하고, '선풍기 날개' 레이어의 Opacity를 '50%'로 조정합니다.

21 '선풍기 날개' 레이어를 복제한 후 트랜스폼으로 반대 방향으로 회전시킵니다.

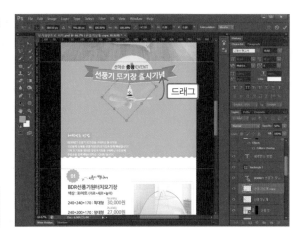

레이어 복제 단축키 : Ctrl + J
트랜스폼 단축키 : Ctrl + T

22 말풍선을 제작하기 위해 펜 툴( )을 선택하고 그림과 같이 조정합니다.

Mode : Shape
Fill : #ffffff
Stroke : #d7d7d7
선 모양 : 파선 5pt

23 펜 툴( )로 선풍기 날개 왼쪽 옆에 시작점을 클릭한 채로 왼쪽 하단 15° 방향으로 드래그해서 둥근 모양으로 만들어 줍니다.

24 시작점을 다시 클릭하면 말풍선 모양이 완성됩니다. 같은 방법으로 오른쪽에도 그려 주고 문구를 입력합니다.

> **글꼴** : 나눔손글씨 펜
> **크기** : 30pt

25 다각형 툴(■)로 그림과 같이 설정하고 오른쪽 하단에 드래그하여 꽃모양 도형을 그려줍니다.

> **Fill** : #3cb1a4
> **Stroke** : none
> **Style** : Star Round corners
> **Sides** : 20

26 꽃모양 도형 레이어를 복제하여 트랜스폼으로 도형을 줄여 흰색(#ffffff)으로 색을 변경합니다.

> **레이어 복제 단축키** : Ctrl + J
> **트랜스폼 단축키** : Ctrl + T

27 [File]–[Place] 메뉴를 클릭하여 '앞치마.psd' 파일을 불러와 꽃모양 레이어 위에 배치합니다.

28 '앞치마' 레이어에서 마우스 오른쪽 단추를 클릭하여 [Create Clipping Mask]로 흰색 꽃모양 레이어에 맞게 마스크 해 줍니다.

클리핑 마스크 단축키 : Alt + Ctrl + G

29 옵션 이미지까지 완성된 화면입니다.

화장품 상세페이지에서 가장 중요한 것은 상품의 퀄리티와 리뷰입니다. 고객의 피부에 직접 닿기 때문입니다. 상세페이지에 블로그나 임상실험 인증서 등 객관적 자료들과 함께 함유된 성분 자료를 명확하고도 특징지어 표현하는 것이 포인트입니다.

고가의 화장품이라면 더욱 고급스럽게 제작해야 하며 상품을 구매하는 타깃에 맞게 컬러톤을 선택하는 것도 중요합니다. 한번 제작해볼까요?

📢 따라하기

예제 파일 ▶ Part3/Chapter1/Section3/화장품상세설명.psd
완성 파일 ▶ Part3/Chapter1/Section3/화장품상세설명_완성.psd

01 [File]-[Open] 메뉴로 '화장품상세설명_.psd' 파일을 열어 레이어 그룹을 확인합니다.

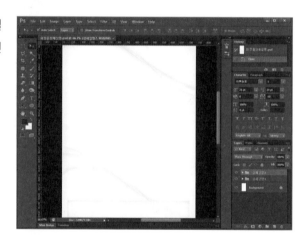

02 '상세설명1' 레이어 그룹의 '이펙트' 레이어를 선택하고 문자 툴(T)을 이용하여 상단에 글씨를 입력합니다.

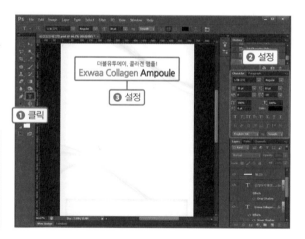

첫번째 줄
글꼴 : 나눔고딕 / 크기 : 30pt / 색상 : #000000

두번째 줄
글꼴 : 나눔고딕 / 크기 : 50pt
색상 : #c47608 / #4a3a2d

03 [File]–[Place] 메뉴를 클릭하여 '화장품이미지.jpg' 파일을 배치하고 Enter 키를 누릅니다.

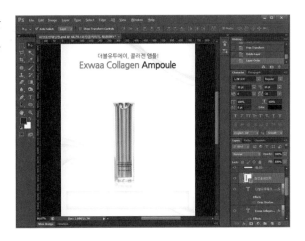

04 [Layers] 패널 상단의 블렌딩 모드를 'Multiply'로 변경하여 흰색 부분이 배경과 어우러지도록 해줍니다.

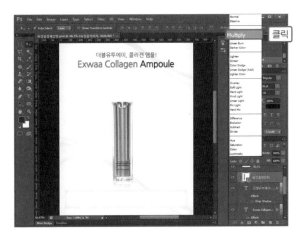

Tip ▶ 블렌딩 모드 'Multiply'는 겹쳐지는 부분의 색상 값을 곱하여 어두운 색상은 좀 더 어둡게 그 외 부분은 비슷하거나 조금 밝게 합성하는 효과가 있습니다.

05 원형 툴(●)을 이용하여 화장품 이미지 왼쪽에 원을 그립니다.

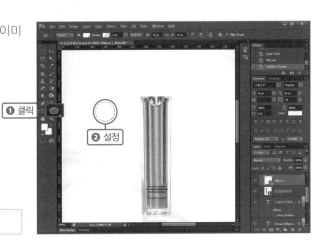

색상 : #fcfbfa

06 'Ellipse 1' 레이어를 선택한 뒤 마우
스 오른쪽 단추를 클릭한 후 [Rasterize
Layer]를 선택하여 레이어화 합니다.

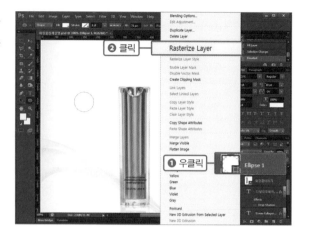

07 [Layers] 패널의 상단 Lock 부분의
[Lock transparent pixels]를 클릭합니다.

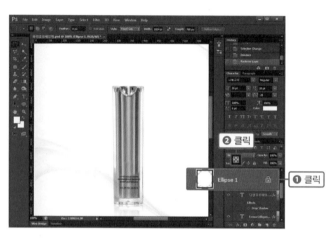

08 브러시 툴( )을 선택하고 전경색은
'#d6c0ac'를 선택한 후, 크기를 '175px'로
설정합니다.

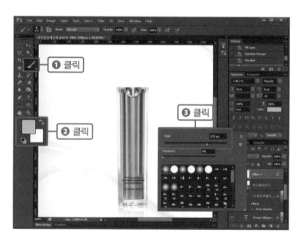

09 'Ellipse 1' 위쪽으로 브러시의 원이 반 정도 오게 하여 한 번 클릭합니다.

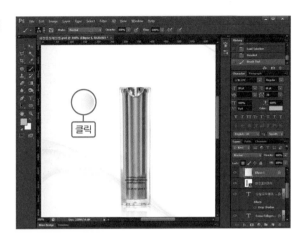

Tip [Lock transparent pixels]가 적용된 레이어의 투명한 부분에는 효과들이 적용되지 않습니다. 위와 같은 경우 원을 제외한 나머지 부분이 투명한 상태입니다. 브러시를 이용해 그리면 원의 안쪽 부분에만 효과가 적용됩니다.

10 'Ellipse 1' 레이어를 선택한 후 Ctrl + J 키를 눌러 레이어를 복제합니다. 복제된 레이어를 Ctrl 키를 누른 채 썸네일을 클릭하여 선택 영역으로 설정합니다.

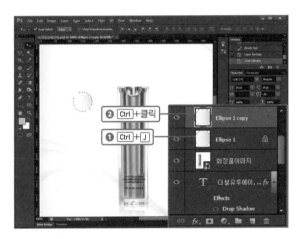

11 전경색을 '#c4c4c4'로 수정한 후, Alt + Delete 키를 눌러 색상을 변경합니다. Ctrl + D 키를 눌러 선택 영역을 해제합니다.

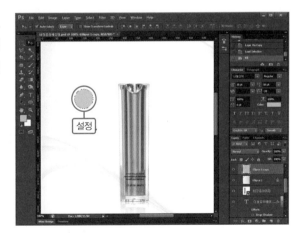

12 [Filter]-[Blur]-[Gaussian Blur] 메뉴
를 선택합니다.

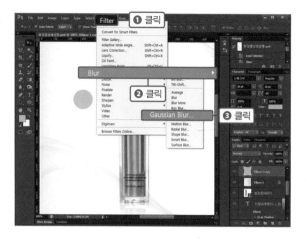

13 [Gaussian Blur] 대화상자가 나타나
면 '8.0pixels'로 설정한 뒤 [OK] 단추를 클
릭해 적용합니다.

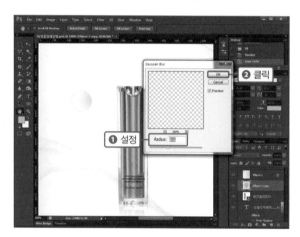

14 'Ellipse 1 copy' 레이어를 선택한 뒤
'Ellipse 1' 레이어 아래쪽으로 드래그하여
위치를 변경합니다.

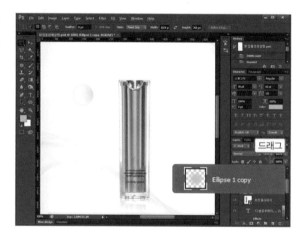

15 'Ellipse 1 copy' 레이어와 'Ellipse 1' 레이어를 복사하여 위쪽으로 이동합니다. Ctrl+T 키를 눌러 트랜스폼 기능이 활성화 되면 크기를 조금 키웁니다.

16 트랜스폼 조절 박스의 모서리에 회전 화살표를 이용하여 그림과 같이 원을 회전시킵니다.

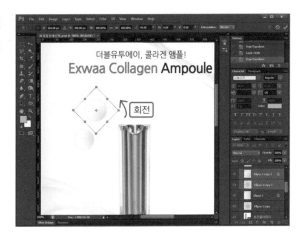

17 같은 방법으로 4개의 원을 더 복사하여 그림과 같이 배치한 뒤, Ctrl+T 키를 눌러 크기와 방향을 조절합니다.

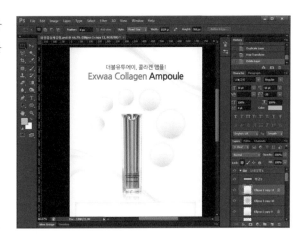

18 문구를 입력하여 앞서 만든 6개의 원 위에 배치합니다.

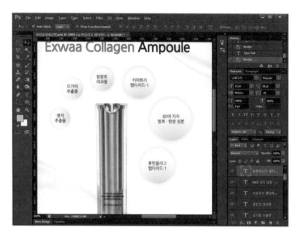

> **문구** : 영지 추출물, 오가피 추출물, 쌀발효 여과물, 카퍼트리 펩타이드-1, 60여 가지 발효·한방 성분, 휴먼올리고 펩타이드-1
> **글꼴** : 나눔고딕
> **크기** : 15pt
> **색상** : #594123

19 [File]–[Place] 메뉴를 클릭하여 '물방울.jpg' 파일을 배치하고 `Enter` 키를 누릅니다.

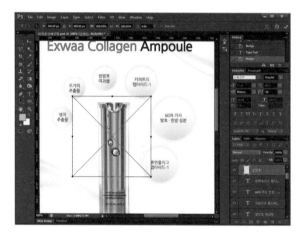

20 [Layers] 패널 상단의 블랜딩 모드를 'Overlay'로 적용합니다.

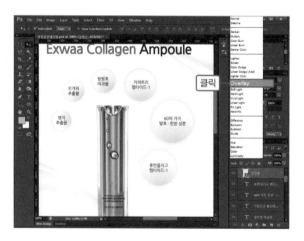

Tip 블랜딩 모드의 'Overlay'는 두 레이어의 색을 반반씩 섞은듯한 효과를 주어 겹쳐진 두 레이어가 자연스럽게 보이도록 합니다.

21 사각형 툴(■)을 이용하여 왼쪽에 사각형을 그립니다.

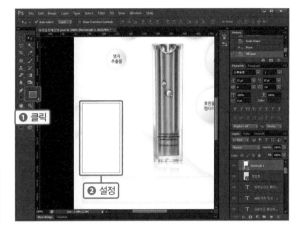

색상 : #ffffff
Width : 140px
Height : 251px

22 [Layers] 패널의 하단 [fx]–[Stroke]를 이용하여 사각형에 테두리를 만듭니다.

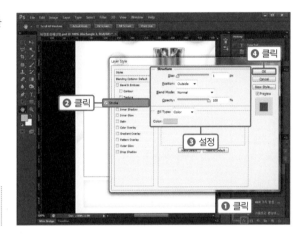

크기 : 1px
색상 : #d0cdc4

23 [File]–[Place] 메뉴를 클릭하여 '설명 1.jpg'과 '설명2.jpg' 파일을 배치하고 Enter 키를 눌러 완료한 뒤, 그림과 같이 텍스트를 입력합니다.

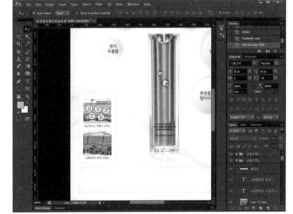

문구 : 늘어지고 주름진 피부, 탱탱해진 피부 변화
글꼴 : 나눔고딕
크기 : 10pt
색상 : #50404e

24 문구를 입력한 후 화장품 이미지 아래쪽 박스 부분에 알맞게 배치합니다.

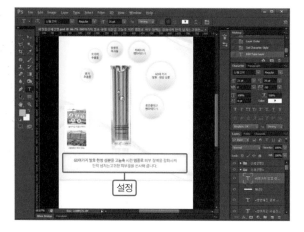

문구 : 60여가지 발효·한방 성분을 고농축 시킨 앰플로 피부 장벽을 강화시켜 탄력 넘치는 고귀한 피부결을 선사해 줍니다.
글꼴 : 나눔고딕
크기 : 21pt
색상 : #505050, #aa6a1c

25 '상세설명2' 레이어 그룹을 열어 '배경' 이미지를 선택한 뒤, 상단에 문구를 입력합니다.

첫 번째 줄
글꼴 : 나눔고딕 / **크기** : 30pt / **색상** : #000000

두 번째 줄
글꼴 : 나눔고딕 / **크기** : 53pt
색상 : #c47608, #4a3a2d

26 원형 툴(⬭)을 이용해 원을 그려 줍니다.

Width : 140px
Height : 140px
색상 : #f2e9e0

27 [Layers] 패널 하단의 [fx]–[Inner Shadow] 효과를 그림과 같이 적용시켜 줍니다.

Opacity : 89%
Angle : 120
Distance : 1
Size : 20

28 문구를 입력한 후, 원형 위에 알맞게 배치합니다.

글꼴 : 나눔고딕
크기 : 16pt
색상 : #594123

29 이동 툴( )을 선택하고 'Ellipse 2' 레이어와 텍스트 레이어를 모두 선택한 뒤, Alt + Shift 키를 누르면서 드래그하여 오른쪽으로 복제합니다.

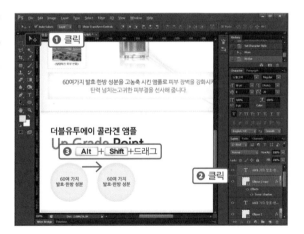

30 문자 툴(T)을 선택하고 복제한 텍스트 위쪽에서 클릭하여 편집이 가능한 상태로 전환한 뒤 내용을 변경합니다.

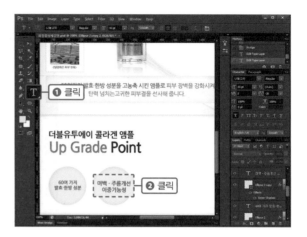

31 같은 방법으로 그림과 같이 두 개의 원을 그려 완성합니다.

32 완성된 화면입니다.

04 패션 잡화 상세페이지의 특징 (귀걸이 상세페이지 제작)

액세서리 상세페이지를 제작할 때는 사진 촬영에 가장 주의해야 합니다. 특히 쥬얼리라면 촬영할 때 상품이 녹슬어 보이지는 않는지, 초점은 잘 맞는지, 반사가 되어 카메라나 사람이 보이진 않는지 등 유의할 것이 많습니다. 이 역시도 가격이 싸더라도 고급스러워 보여야 판매로 이어진다는 것을 기억해야 합니다. 이번에는 귀걸이의 배경 삭제 기술과 고급스러운 디자인을 배워보겠습니다.

📢 따라하기

예제 파일 ▶ Part3/Chapter1/Section4/귀걸이상품페이지시작파일.psd
완성 파일 ▶ Part3/Chapter1/Section4/귀걸이상품페이지_완성.psd

STEP 1 귀걸이 반사 이미지 제작하기

01 '귀걸이상품페이지시작파일.psd' 파일을 열고 [Layers] 패널의 '상단상품사진' 그룹의 '귀걸이메인' 레이어를 선택합니다.

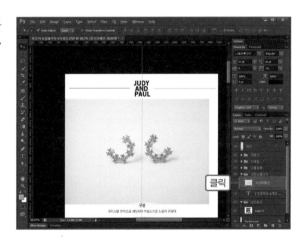

02 스포이트 툴(🖌)에 마우스 오른쪽 단추를 클릭하여 눈금자 툴(🖿)로 변경하여 기울어진 귀걸이의 윗부분을 드래그합니다.

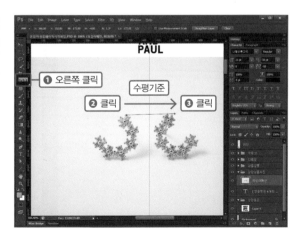

03 옵션 바에서 [Straighten Layer]를 클릭하여 기울어진 귀걸이 사진을 수평으로 보정합니다.

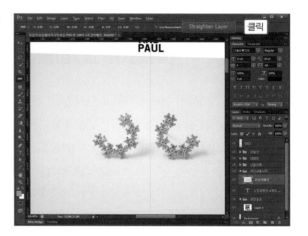

 CC 이하 버전의 포토샵에는 이 기능이 없을 수 있습니다. CS5 버전에서는 'Straighten' 메뉴를 실행하면 경고창이 나타나는데, 선택한 '귀걸이메인' 레이어만 [OK]를 하고 나머지는 [NO]를 선택하여 '귀걸이메인' 레이어에만 Straighten 기능을 적용하면 됩니다.

스포이트 툴의 세부 툴

 스포이트 툴에는 다양한 도구가 있습니다.

❶ **스포이트 툴(Eyedropper Tool)** : 화면에 있는 색상을 전경색으로 변경할 때 사용한다.

❷ **3D 재질 스포이트 툴(3D Material Eyedropper Tool)** : 선택한 3D에 3D 스포이트툴로 3D 속성 기능을 적용할 때 사용한다.

❸ **색상 샘플러 툴(Color Sampler Tool)** : 선택한 여러 가지 색상을 [Info] 패널에서 확인할 수 있다.

❹ **눈금자 툴(Ruler Tool)** : 각도, 길이를 확인하고 사진을 수평으로 조정할 때 사용한다.

❺ **노트 툴(Note Tool)** : psd 파일 내에 메모를 첨부할 때 사용한다.

❻ **카운트 툴(Count Tool)** : psd 파일에 번호를 표시할 때 사용(이미지로 저장할 때 표시되지 않음)한다.

04 누끼 작업을 하기 위해 '귀걸이메인' 레이어를 복제합니다.

레이어 복제 단축키 : Ctrl + J

05 복제된 레이어에 [Image]–[Adjustment]–[Levels] 메뉴를 이용하여 색상 차를 아래와 같이 조정합니다.

47 / 0.16 / 228

06 빠른 선택 툴(　)의 세부 메뉴인 마술봉 툴(　)을 클릭하여 이미지의 흰 부분을 클릭합니다. 배경 부분의 일정 영역이 선택된 것을 확인할 수 있습니다.

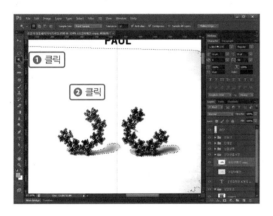

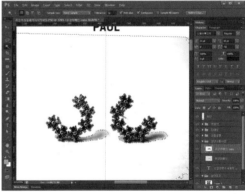

07 **04**에서 복제한 '귀걸이메인 Copy' 레이어를 삭제합니다.

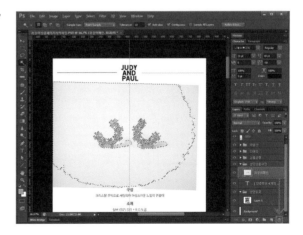

08 '귀걸이메인' 레이어를 선택하고
[Delete] 키로 **06**에서 선택한 배경을 삭제
합니다. 선택 영역을 해제합니다.

선택 영역 해제 단축키 : [Ctrl] + [D]

09 지우개 툴(🧽)을 선택하고 불필요한 부분을 삭제합니다. 이미지를 확대해 세밀하게 지우세요.

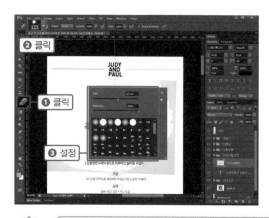

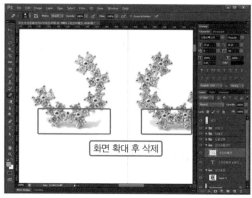

> **Tip** – 지우개 브러시 크기를 단축키 [[ ]로 줄이고 [ ]]로 키우는 등 조정하면서 삭제하면 빠르게 삭제할 수
> 있습니다.
> – 외곽 배경은 브러시를 크게 확대해 작업하고, 세밀한 작업은 화면을 확대한 후 브러시 크기를 작게 해
> 서 작업하세요.

> **Tip** **왜 펜 툴을 사용하지 않나요?**
> 큐빅이나 보석의 경우 외곽 부분을 한 땀씩 조정하면 시간이 많이 소모됩니다. 색상 차를 이용해서 불필
> 요한 부분을 삭제하고 지우개로 간단하게 삭제해 주면 시간을 절약할 수 있습니다

10 배경 삭제를 완료하고 '귀걸이메인' 레이어를 선택하고 복제합니다.

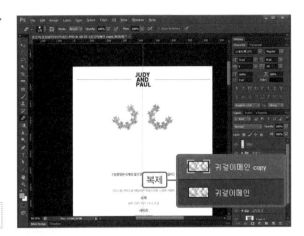

레이어 복제 단축키 : Ctrl + J

11 복제된 레이어를 반전하고 지우개 툴 (🖌)을 선택하고 아랫부분을 삭제합니다. '귀걸이메인 copy' 레이어의 Opacity를 '50%'로 조정합니다.

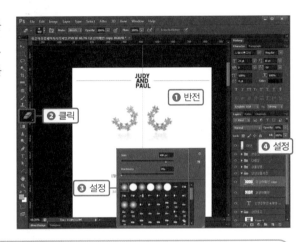

> **Tip** Part2/Chapter2/Section9의 06~10(131~133쪽) 단계를 참고하면 반사 이미지를 쉽게 제작할 수 있습니다. 이 경우에는 지우개 툴을 사용하지 않아도 됩니다.

12 반사 이미지가 완성됩니다.

13 '디테일' 레이어 그룹의 '귀걸이(3)' 레이어를 선택합니다. 사각 선택 툴(▦)로 '귀걸이(3)' 레이어의 오른쪽 영역을 선택합니다.

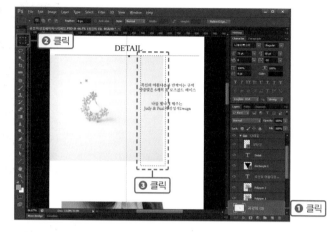

14 트랜스폼으로 오른쪽 영역을 늘려 줍니다.

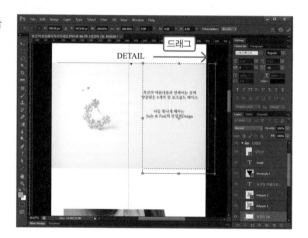

15 오른쪽 영역을 선택하여 번 툴(◉)로 경계선 영역의 색상을 진하게 보정합니다.

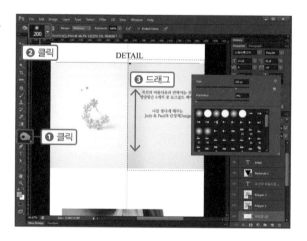

16 왼쪽 영역을 닷지 툴(🔍)로 그림과 같이 드래그하여 경계 영역을 밝게 해줍니다.

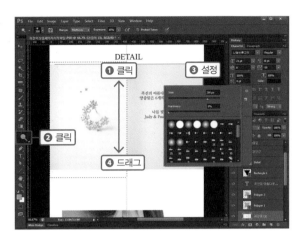

17 그림과 같이 완성됩니다.

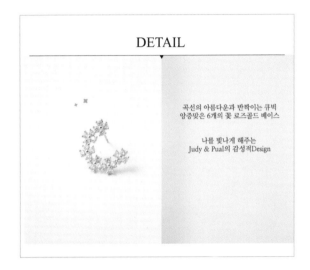

18 '착용샷' 레이어 그룹의 '귀걸이(4)' 레이어를 선택합니다. 올가미 툴(🔍)로 Feather를 '10'으로 지정하고 선택 영역을 Shift 키를 누르면서 추가합니다.

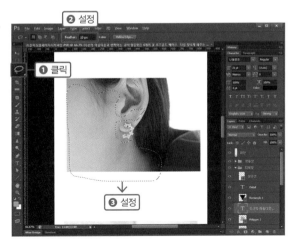

19 [Filter]–[Blur]–[Surface Blur] 메뉴를 이용하여 피부를 매끄럽게 조정합니다.

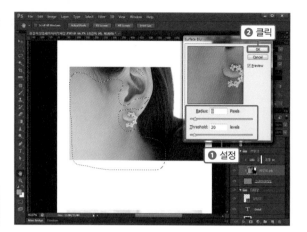

Radius : 9
Threshold : 20

20 선택 영역을 해제하고 완성합니다. 나머지 영역도 제작해 주면 그림과 같이 완성됩니다.

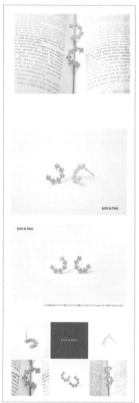

요즘에는 왜 지그재그형을 상세페이지 사진으로 배치하지 않나요?

예전에는 디테일 컷을 지그재그로 15컷 정도 배치했습니다. 하지만 모바일 구매의 핵심인 상품 구매 시의 결정 시간 단축과 화면이 작은 것을 고려하여 이미지의 개수가 가능한 적고, 크게 배치하게 되었습니다.

SECTION 05 IT 제품 상세페이지의 특징 (액정보호필름 상세페이지 제작)

IT 제품도 보기 좋은 이미지 제작이 중요한 카테고리입니다. 제품 사진 컷보다는 특성이 나타난 이미지와의 합성(다양한 포토샵 기술 포함)이 특징입니다. 실제로 판매 중인 액정보호필름의 상세페이지를 제작해보며 액정이 빛나는 등의 연출 및 합성 방법을 배워봅시다.

📢 따라하기

예제 파일 ▶ Part3/Chapter1/Section5/액정보호필름_시작.psd
완성 파일 ▶ Part3/Chapter1/Section5/액정보호필름_최종완성.psd

STEP 1 인트로 이미지 제작하기

01 '액정보호필름_시작.psd' 파일을 열고 [Layers] 패널의 '1인트로' 레이어 그룹의 '인트로이미지' 레이어를 선택합니다.

02 [Layer]–[New]–[Layer] 메뉴를 클릭하여 '인트로조명'이라는 이름으로 새 레이어를 만듭니다.

03 선택 툴(■)로 인트로 이미지 크기만
큼 선택 영역을 만듭니다.

04 [Edit]–[Fill] 메뉴를 클릭하여 '인트로조명' 레이어에 검정색을 채웁니다. 색을 확인하고 선택
영역을 해제합니다.

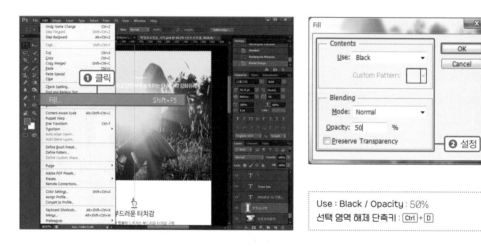

Use : Black / Opacity : 50%
선택 영역 해제 단축키 : Ctrl + D

05 지우개 툴(■)을 선택하고 화면 위에서 마우스 오른쪽 단추를 클릭하여 지우개의 브러시 모
양을 설정합니다. 사진의 중앙 부분을 서너 번 클릭하여 '인트로 조명' 레이어의 중간 부분을 희미하
게 합니다. 햇빛이 비치는 것처럼 효과를 낼 수 있습니다.

Size : 800px
Hardness : 0%

06 [File]-[Place] 메뉴로 '핸드폰_icon. psd' 파일을 열어 화면의 가이드를 이용하여 핸드폰 아이콘을 배치하고, [Enter] 키를 눌러 적용합니다.

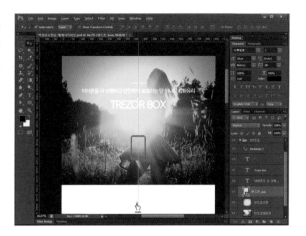

07 '핸드폰_icon' 레이어에 [Layers] 패널 하단의 [fx]-[Color Overlay] 메뉴를 클릭하여 흰색을 채워 줍니다.

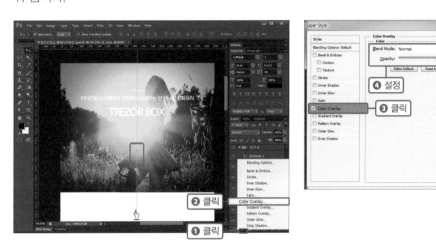

08 사각형 툴(■)로 '핸드폰_icon' 레이어의 화면 크기만큼 검정색으로 사각형을 그리고 Opacity를 '10%'로 조정합니다.

09 빈 레이어를 추가하고 다각형 올가미 툴()을 이용하여 선택 영역을 만들어 줍니다.

10 브러시 툴()의 크기를 '100px'로 줄이고 선택 영역의 왼쪽 아랫부분을 흰색으로 색칠합니다. 레이어의 Opacity를 '100%'에서 '70%'로 변경하고 인트로 영역을 마무리합니다.

11 완성된 모습입니다.

터치감 이미지 구현하기

12 '2터치감' 레이어 그룹 내의 '왼손' 레이어를 선택합니다. [File]-[Place] 메뉴로 '손.png'를 불러옵니다. 화면에 크기와 회전을 주어 이미지를 배치합니다.

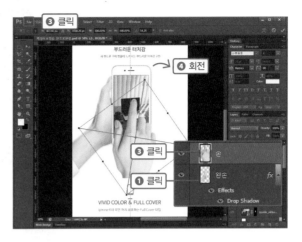

13 '손' 레이어를 복제하여 위치를 변경합니다. Opacity를 '20%'로 변경합니다.

레이어 복제 단축키 : Ctrl + J

14 '손 Copy' 레이어를 복제하여 위치와 회전을 수정해 배치합니다.

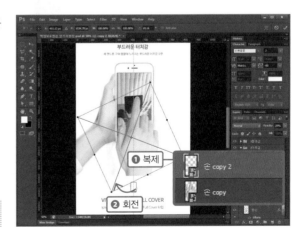

트랜스폼 단축키 : Ctrl + T

15 다시 '왼손' 레이어를 선택하고 [Layer]–[New]–[Layer] 메뉴를 클릭해 '터치효과' 레이어를 생성합니다.

16 전경색을 '#faf6cb'로 변경하고, 원형 선택 영역 툴( )로 원을 그리고 전경색으로 색을 채웁니다.

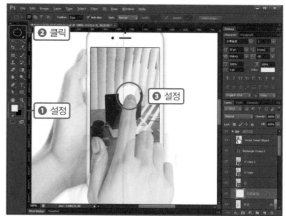

색 채우기 단축키 : [Alt] + [Delete]

17 선택 영역을 해제하고 [Filter]–[Blur]–[Gaussian Blur] 메뉴를 클릭해 다음을 설정하고 색이 번지게 드래그합니다.

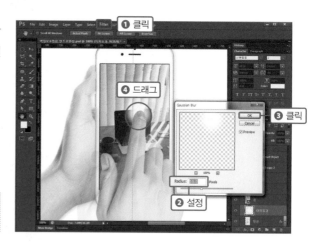

Radius : 10.0
선택 영역 해제 단축키 : [Ctrl] + [D]

18 '터치효과' 레이어의 Opacity를 '76%'로 변경합니다.

19 '손' 레이어를 선택하고 [fx]-[Drop-Shadow]에서 DropShadow 효과를 추가합니다.

Opacity : 43%
Angle : 120
Distance : 0px
Spread : 0%
Size : 24px

20 '2터치감' 레이어 그룹을 선택하고 잘린 손 영역을 자연스럽게 감추기 위해 사각 선택 영역 툴(▣)로 그림과 같이 선택 영역을 만들어 줍니다.

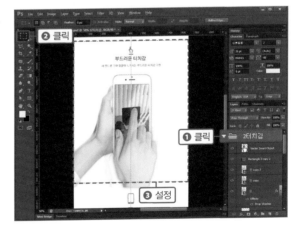

21 레이어 마스크 단추를 클릭해, 선택
영역 외에는 숨겨지는 클리핑 마스크 기능
을 사용합니다.

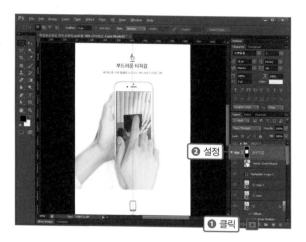

22 터치감 영역의 완성된 모습을 확인합
니다.

23 '3컬러감' 레이어 그룹의 '흐릿함삽입' 레이어를 선택합니다. [File]–[Place] 메뉴로 '야경사진.jpg' 파일을 불러와 배치합니다.

24 '야경사진' 레이어에 마우스 오른쪽 단추를 클릭하여 [Create Clipping Mask]로 '흐릿함 삽입' 레이어에 삽입합니다.

25 '야경사진' 레이어를 Alt 키를 누르며 드래그하여 '선명함삽입' 레이어 위로 복제합니다. '야경사진 Copy' 레이어의 위치를 '야경사진' 레이어 위치처럼 조정합니다.

트랜스폼 단축키 : Ctrl + T

26 '야경사진' 레이어를 다시 선택하고 [Filter]–[Blur]–[Gaussian Blur] 메뉴를 사용해 흐릿하게 만듭니다.

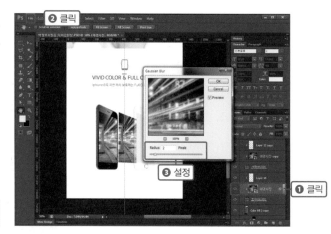

Radius : 2

27 '야경사진 Copy' 레이어를 선택하여 [Filter]–[Sharpen]–[Smart Sharpen] 메뉴로 선명하게 만듭니다.

28 완성된 전체 이미지를 확인합니다.

**06 유아용품 상세페이지의 특징
(놀이매트 상세페이지 제작)**

유아용품은 아기자기하면서도 아이의 밝은 미래가 보이는 미래지향적인 디자인을 추
구해야 합니다. 안전성은 물론 브랜드도 함께 강조해야 합니다. 어머니들의 상상력을
자극시켜 우리 아이가 실제로 사용했을 때의 모습이 연상되게 만들어야 합니다. 그러
니 이미지 사용 컷을 꼭 첨부해야 한다는 것을 잊지 마세요!

따라하기

예제 파일 ▶ Part3/Chapter1/Section6/변신매트_시작.psd
완성 파일 ▶ Part3/Chapter1/Section6/변신매트_완성.psd

01 '변신매트_시작.psd' 파일을 열어 레
이어 그룹을 확인합니다.

02 펜 툴( )을 이용하여 리본 모양을
따라 물결 모양의 패스선을 그려 줍니다.

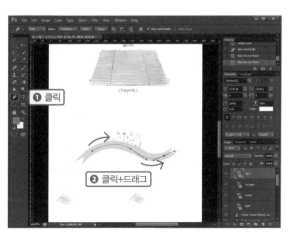

03 그린 패스선 위쪽을 문자 툴(T.)로 클릭합니다.

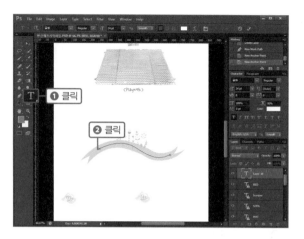

04 다음과 같이 문구를 입력합니다.

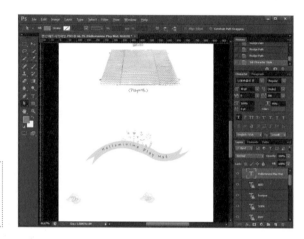

텍스트 내용 : Hellominime Play Mat
글꼴 : 나눔고딕
크기 : 30pt
색상 : #606060

미리 그려 둔 패스선이 잘 맞지 않을 경우 패스 직접 선택 툴(◂.)을 이용합니다. 툴을 선택한 후 패스선 위쪽에서 클릭하면 점이 나타나고 점을 선택하여 선택한 점의 위치와 핸들을 이용해 곡선을 조절할 수 있습니다.

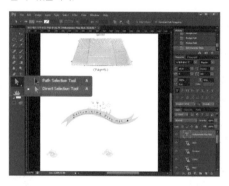

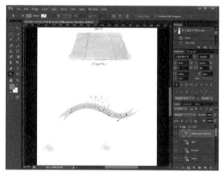

05 사각형 툴(■)을 이용하여 사각형을 그립니다.

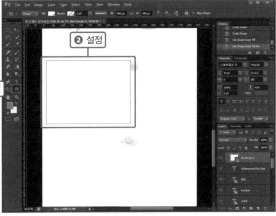

> **Width** : 466px
> **Height** : 344px
> **색상** : #ffffff

06 [Layers] 패널 하단에 [fx]-[Stroke]를 선택하여 아래와 같이 설정합니다.

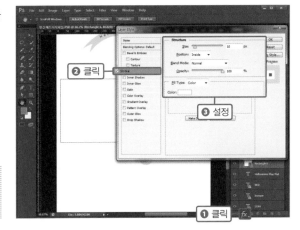

> **Size** : 10px
> **Position** : inside
> **색상** : #ffffff

07 [Drop Shadow] 탭을 선택하여 아래와 같이 설정하고 [OK] 단추를 클릭해 완료합니다.

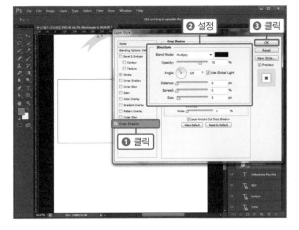

> **Opacity** : 75%
> **Angle** : 120
> **Size** : 5px

08 [File]–[Place] 메뉴를 클릭하여 '놀이
매트1.jpg' 파일을 배치하고 Enter 키를 눌
러 적용합니다.

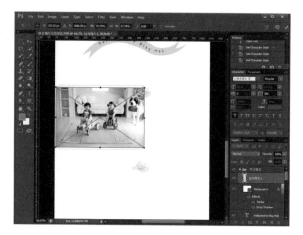

09 Ctrl + Alt + G 키를 눌러 클리핑 마
스크를 적용합니다. 이미지에 폴라로이드
사진 효과를 줄 수 있습니다.

10 '놀이매트1' 레이어와 마스크 부분의
도형 이미지를 Shift 키를 누른 채 클릭하
여 함께 선택합니다

11 선택한 두 개의 레이어를 그림과 같이 'Layer 9' 레이어 바로 위쪽으로 드래그하여 이동합니다.

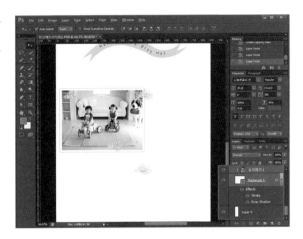

12 두 개의 레이어가 선택된 상태에서 Ctrl+T 키를 눌러 트랜스폼 조절 박스를 열어 줍니다.

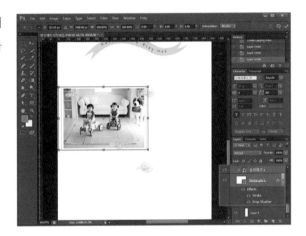

13 모서리 조절점을 이용하여 사진을 회전시켜 줍니다.

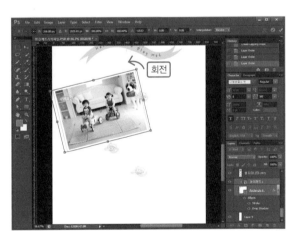

14 [Window]–[Styles] 메뉴로 패널을 열어 줍니다.

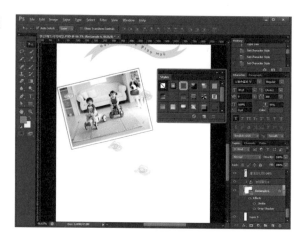

15 'Rectangle 6' 레이어를 선택한 뒤 [Styles] 패널 아래쪽의 [New Style] 아이콘을 클릭합니다.

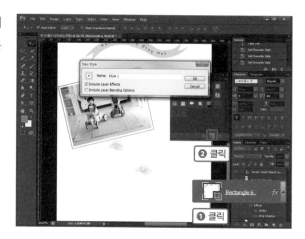

16 해당 레이어에 적용된 레이어 스타일을 저장하는 [New Style] 대화상자가 나타납니다. 이름을 지정한 뒤 [OK] 단추를 클릭해 저장합니다.

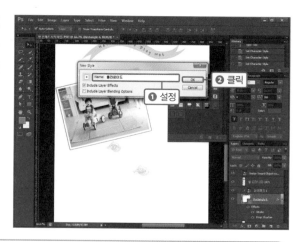

> **Tip** [Styles] 패널을 이용하면 레이어에 적용된 스타일을 저장할 수 있습니다. 자주 사용하는 레이어 스타일을 저장해 두면 필요할 때마다 손쉽게 적용할 수 있으므로 작업 속도가 향상됩니다.

17 사각형 툴(□)을 이용하여 사각형을 그립니다.

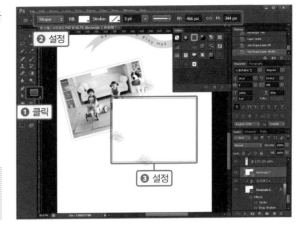

Width : 466px
Height : 344px
색상 : #ffffff

18 [Styles] 패널에서 위에서 저장한 스타일을 적용합니다.

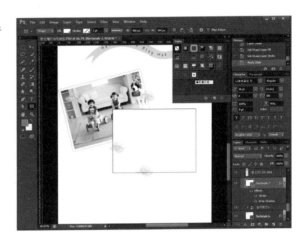

19 [File]–[Place] 메뉴를 클릭하여 '놀이 매트2.jpg' 파일을 배치하고 Enter 키를 눌러 완료합니다.

20 Ctrl+Alt+G 키를 눌러 클리핑 마스크를 적용합니다.

21 Ctrl+T 키를 눌러 사진을 그림과 같이 회전시킨 후 배치합니다.

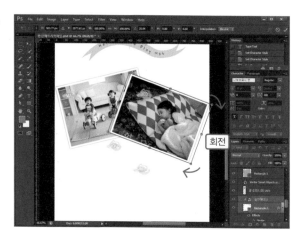

22 같은 방법으로 '놀이매트.jpg'와 '놀이매트.jpg' 이미지를 이용하여 그림과 같이 제작합니다.

23 완성된 화면입니다.

단품 상세페이지 실전 제작하기

CHAPTER 02

기획 상품으로 제작한 지갑형 핸드폰 케이스는 여러 용도로 쓰임이 많습니다. 그래서 오픈마켓용이라고 하더라도 템플릿 형태가 아니라 기획 형태로 제작했습니다. 모두 한 종류이기 때문에 별도 옵션 영역은 필요 없이 상품 상세페이지 영역만 특징이 살아 있는 형태로 제작했습니다.

SECTION / **01 썸네일 제작하기**

상품을 등록할 때 사용하는 이미지를 '상품 이미지', '썸네일', '리스트 이미지'라고 부릅니다. 최근 제작 트렌드는 배경을 삭제하여 상품이 깔끔하고 직관적으로 보이게 만드는 것입니다.

모바일에서 특히 중요한 상품 이미지/썸네일은 사이즈는 가로 세로 600px 이상의 크기를 권장하고 용량은 1mb 이하로 제작하는 게 바람직합니다.

▲ G마켓 베스트 100내 상품이미지. 출처 : G마켓

📢 따라하기

완성 파일 ▶ Part3/Chapter2/Section1/썸네일 제작하기_완성.psd

01 [File]–[New] 메뉴를 클릭해 다음의
조건대로 빈 파일을 만듭니다.

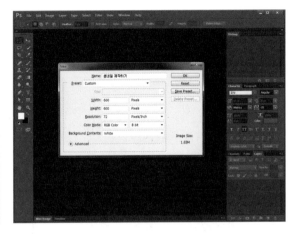

Name : 썸네일 제작하기
Width : 600px
Height : 600px
Resolution : 72
Color Mode : RGB Color
Background Contents : White

02 [File]–[Open] 메뉴를 클릭하여 '핸드
폰케이스.jpg' 파일을 불러옵니다.

03 빠른 선택 툴( )을 클릭하여 브러시 사이즈를 '30px'로 설정합니다. 핸드폰 케이스 부분만
색칠하듯이 선택하여 선택 영역으로 설정합니다.

빠른 선택 툴은 마우스가 클릭하는 색상과 비슷한 색상을 선택 영역으로 만들어 줍니다. 대상 이미지가 작을 때는 브러시 사이즈를 작게, 대상 이미지가 클 때는 브러시 사이즈를 크게 하는 것이 편리합니다.

선택 영역이 제대로 설정되었는지 확인하고, 올바르지 않은 부분이 있다면 툴 바의 옵션 메뉴에서 +/− 툴을 선택하고 드래그하여 더하고 뺄 수 있습니다.

+를 눌러서 선택 영역을 더한 모습

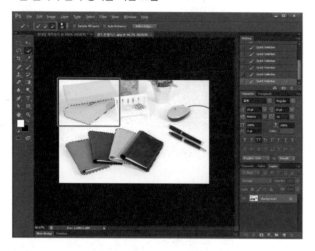

−를 눌러서 선택 영역을 뺀 모습

04 영역이 선택되어 있는 채로 옵션 바의 [Refine edge...] 단추를 클릭해 Smooth '35', Contrast '40%'로 설정한 뒤, [OK] 단추를 클릭하여 테두리를 깔끔하게 다듬어 줍니다.

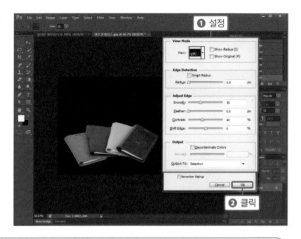

 선택 영역 도구는 색상을 선택하는 도구이기 때문에 사진에 그림자가 있다면 매끄럽게 선택할 수 없습니다. [Refine Edge]의 'Smooth'는 선택 영역의 끝을 부드럽게 변경해주며, 그렇게 흐릿해진 끝 부분을 'Contrast'로 선명하게 변경합니다. 선택 영역이 활성화 되어 있고, 빠른 선택 툴이 선택되어 있을 때만 [Refine Edge] 메뉴가 보입니다.

05 [Edit]-[Copy] 메뉴를 선택하여 이미지를 복사합니다. '썸네일 제작하기' 파일로 돌아와 [Edit]-[Paste] 메뉴를 실행하여 이미지를 붙여넣습니다. 레이어의 이름을 '이미지'로 변경합니다.

복사하기 단축키 : Ctrl + C
붙여넣기 단축키 : Ctrl + V

06 이미지의 사이즈를 조절하기 위해 Ctrl + T 키를 눌러 트랜스폼 기능을 활성화합니다. 조절 박스가 나타나면 Shift 키를 누르면서 모서리의 꼭짓점을 드래그하여 비율을 유지하면서 이미지를 늘려 줍니다. 크기 변경이 완료되면 Enter 키를 눌러 적용합니다.

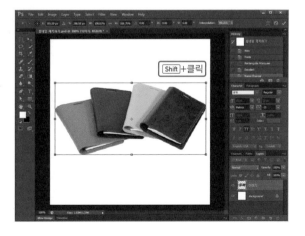

07 그림자를 만들기 위해 '이미지' 레이어를 선택한 후, [Layers] 패널에서 하단의 [fx]–[Drop Shadow]를 선택합니다. 대화상자가 나타나면 그림과 같이 설정한 후 [OK] 단추를 눌러 적용합니다.

Opacity : 45%
Angle : 90
Distance : 10px
Size : 21px

08 '회사이름' 워터마크를 삽입하기 위해 문자 툴(**T**)을 선택하여 문구를 입력한 후 [Character] 패널에 아래와 같이 설정하여 작성합니다. 그림과 같이 이미지 아래로 배치합니다.

글꼴 : 나눔고딕
크기 : 30pt
색상 : #000000

09 텍스트 레이어를 선택하고 [Layers] 패널에서 Opacity를 '50%'로 수정합니다.

10 완성된 이미지를 수정 가능한 PSD와 이미지를 올릴 때 사용할 JPG의 2가지 형태로 저장합니다.

 해상도를 많이 해치지 않으면서 용량은 줄일 수 있도록 Quality는 '8'로 조정합니다.

 PSD 원본 파일로 저장하면 나중에도 이미지 편집이 가능하며 JPG/GIF/PNG의 포맷으로 저장하면 포토샵 프로그램이 없는 고객도 제작물을 쉽게 확인할 수 있습니다.
[File] − [Save] − '파일 이름' : product−case Format : Photoshop(*.PSD,*.PDD)
[File] − [Save As] − '파일 이름' : product−case Format : JPEG(*.JPG....) 등

특징이 구체적으로 표현된 단품 상품(핸드폰 케이스) 상세페이지를 제작해봅시다. 제품이 고가일수록 구체적이고 고급스럽게 제작해야 합니다. 사진 역시 사용 예가 포함된 연출된 사진을 활용하는 것이 좋습니다. 제품 카테고리별로 필수 표기사항이 있으니 제품 정보 고시를 확인하여 내용을 첨부해야 합니다.

📣 따라하기

완성 파일 ▶ Part3/Chapter2/Section2/단품상세페이지_완성.psd

01 다음과 같이 설정해서 새 파일을 만듭니다.

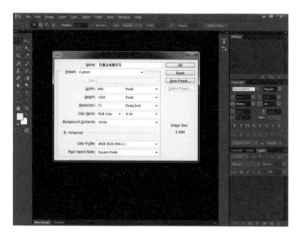

Name : 단품상세페이지
Width : 860px
Height : 1000px
Resolution : 72px
Color Mode : RGB Color 8bit
Background Contents : White

02 화면에 중앙을 표시하기 위해 [View]–[Ruler] 메뉴로 눈금자를 표시합니다. 눈금자 위에서 마우스 오른쪽 단추로 클릭해 단위를 Pixels로 선택한 뒤, 왼쪽 오른쪽으로 드래그하여 '430px'에 가이드선을 위치시켜 중앙을 표시합니다.

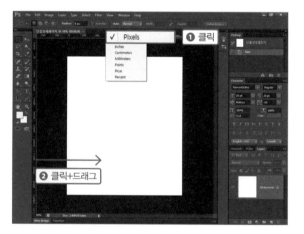

03 원형 툴(●)을 이용하여 상단에 원을 그려줍니다. [Layers] 패널에서 레이어 이름을 더블클릭하여 '로고'로 변경합니다.

Width : 120px
Height : 120px
색상 : #379cd7

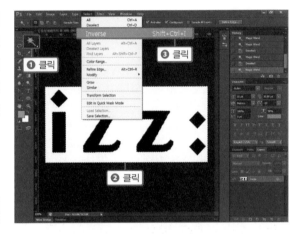

04 [File]–[Open] 메뉴로 '로고.jpg' 파일을 불러옵니다. 마술봉 툴(✦)을 이용하여 Tolerance는 '30'으로 설정하고 배경의 흰색을 클릭합니다. 배경 범위가 설정되면 [Select]–[Invers] 메뉴를 클릭해 선택 영역을 반전시킵니다.

선택 영역 반전 단축키 : Ctrl + Shift + I

05 선택 영역이 반전되면서 검은색 로고 부분이 선택 영역으로 지정됩니다. 반전된 선택 영역을 복사하고 '단품상세페이지' 파일로 돌와와 붙여넣습니다. Ctrl + T 키를 눌러 트랜스폼 조절 박스가 나타나면 Shift 키를 눌러서 크기를 줄이고 로고(파란 원)의 내부에 위치시킵니다. 레이어 이름을 '로고글자'로 변경합니다.

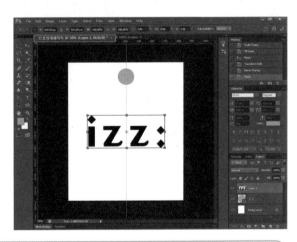

Tip 트랜스폼 조절 박스로 크기를 조절할 때 Shift 키를 누른 채 모서리 조절점을 이용하여 사이즈를 줄여주면 비율이 유지된 채로 사이즈가 줄어듭니다. 자주 사용하고 있는 기능인데 기억나시나요? 꼭 기억해 두세요.

06 로고 글자 부분의 색상을 변경하기 위해 하단의 [fx]-[Color Overlay]를 선택합니다.

Tip

Color Overlay란?

레이어 스타일의 다양한 옵션 중 하나로, 레이어 단위로 이미지에 원하는 색상을 적용시키는 기능입니다. 예를 들어, [Color Overlay] 옵션창에서 Color를 흰색으로 지정하면 해당 이미지가 흰색으로 변경됩니다.

07 [Color Overlay]를 클릭하고 대화상자에서 색상을 '#ffffff(흰색)'으로 지정한 뒤, [OK] 단추를 클릭해 적용합니다. 글자 부분이 검은색에서 흰색으로 변경된 것을 확인할 수 있습니다.

08 상세페이지의 타이틀 부분을 작성하기 위해 문자 툴(T.)을 선택하여 그림과 같이 문구를 입력한 후 [Character] 패널에 다음과 같이 설정하여 작성합니다. 이동 툴(⊕)을 선택하여 문구를 로고 아래쪽으로 그림과 같이 알맞게 배치합니다.

첫 번째 줄
문구 : Izz:가 만든 새로운 컨셉!
글꼴 : 나눔고딕 / Bold / 크기 : 35pt
색상 : #000000

두 번째 줄
문구 : SMALOGUE
글꼴 : 나눔고딕 / Bold / 크기 : 90pt
색상 : #000000

세 번째 줄
문구 : created by izz
글꼴 : 나눔고딕 / Bold / 크기 : 20pt
색상 : #000000

 Tip 글자를 두껍게 만드는 효과가 Bold 뿐만은 아닙니다. [Character] 패널 하단의 [Faux Bold]를 눌러도 글씨를 두껍게 만들 수 있습니다.

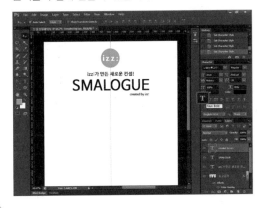

09 사각형 툴(■)을 클릭하여 사각형을 그려줍니다. 그림과 같이 배치한 후, [Layers] 패널에서 레이어 이름을 더블클릭하여 '마스크'로 변경합니다.

Width : 860px
Height : 575px

10 [File]-[Open] 메뉴로 '상품이미지_1. jpg' 파일을 불러옵니다. Ctrl + A 키를 눌러 이미지 전체를 선택한 뒤, 복사하고 '단품상세이미지' 파일로 돌아와 이미지를 붙여넣습니다. Ctrl + T 키를 눌러 사진을 그림과 같이 크기 조절 후 배치하고, 레이어 이름을 '이미지1'로 설정합니다.

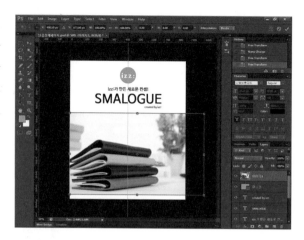

11 '이미지1' 레이어를 선택하고 마우스 오른쪽 단추를 눌러 [Create Clipping Mask]를 클릭합니다. '마스크' 레이어의 사각형 안쪽으로 이미지를 배치합니다.

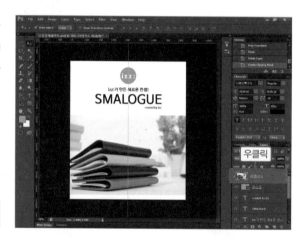

클리핑 마스크 단축키 : Alt + Ctrl + G

12 사각형 툴(▣)을 클릭하여 Width '192px', Height '192px' 사이즈의 사각형을 3개 그려 줍니다. 그림과 같이 '이미지1'의 왼쪽에 배치한 후, [Layers] 패널에서 레이어 이름을 더블클릭하여 '마스크2~4'로 각각 변경합니다.

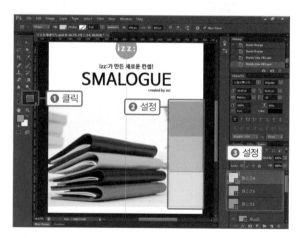

13 '이미지1'과 같은 방법으로 '마스크 2~4'도 다음과 같이 클리핑 마스크를 적용합니다.

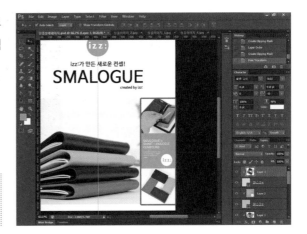

> **마스크2** : 상품이미지_2.jpg
> **마스크3** : 상품이미지_3.jpg
> **마스크4** : 상품이미지_4.jpg

14 설정해 둔 캔버스의 사이즈가 작기 때문에 내용을 추가하기 위해 캔버스 사이즈를 늘려 줍니다. 자르기 툴()을 선택하면 상하좌우로 조절점이 생기는 걸 확인할 수 있습니다. 조절점을 이용하여 하단을 늘려 줍니다.

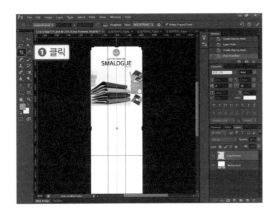

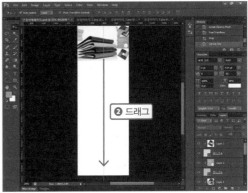

Tip 중간중간 저장하는 습관을 키우는 게 좋습니다. 저장 단축키 [Ctrl]+[S]는 꼭 외웁시다.

Tip CS6 이하 버전을 사용하는 경우 자르기 툴로 페이지 조정이 안 된다면, [Image]-[Canvas size] 메뉴를 실행하여 캔버스 사이즈를 조절합니다. [Canvas Size] 대화상자가 나타나면 그림과 같이 Height는 '3000px', Anchor는 상단가운데로 설정합니다.

15 메인 텍스트가 들어갈 영역을 만들어 주기 위해, 사각형 툴(▣)을 클릭하여 Width '860px', Height '125px' 색상 '#7b7b7b'의 사각형을 그려줍니다. 그림과 같이 이미지 아래쪽으로 배치한 후, 레이어 이름을 '메인텍스트'로 변경합니다.

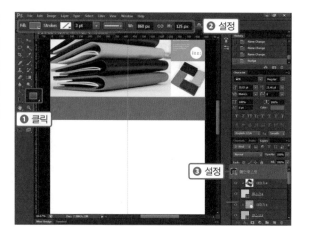

16 광택 효과를 주기 위해 닷지 툴(🔍)을 선택하고 화면에서 마우스 오른쪽 단추를 클릭하여 대화상자가 나타나면 Size '500px', Hardness '0%'로 설정합니다. 가운데를 중심으로 색칠하듯이 그어 주면 해당 부분이 밝아지는 것을 확인할 수 있습니다.

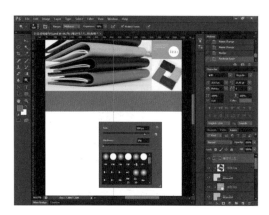
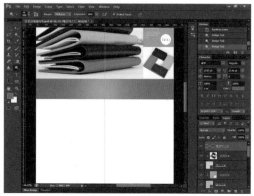

Tip 닷지 툴 사용 시 옵션 바의 'Protect Tones' 체크를 해제합니다. 너무 많이 색칠하면 색이 깨지니 주의하여 사용하도록 합니다.

17 문자 툴(T.)을 선택하여 그림과 같이 문구를 입력한 후 [Character] 패널에 아래와 같이 설정하여 작성합니다. 그림과 같이 만들어 둔 사각형과 문구를 배치시킨 후, [Layers] 패널에서 [fx]-[Drop Shadow]를 클릭해 Angle '120', Distance '1px', Size '2px'로 설정하여 그림자 효과를 넣어 줍니다.

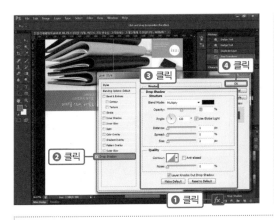 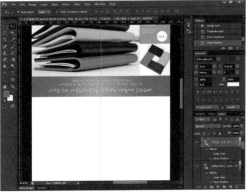

첫 번째 문구
문구 : SMALOGUE는 smart + analogue의 합성어로서 스마트폰과 필기도구의 만남을 지향하는 izz:의 컨셉이자 가치입니다.
글꼴 : 나눔바른고딕 / **크기** : 20pt / **색상** : #feffb3

두 번째 문구
문구 : 디지털 시대, 아날로그의 향수를 그리워하는 그대들에게 추천합니다.
글꼴 : 나눔붓글씨 / **크기** : 38pt / **색상** : #ffffff

18 위와 같은 방법으로 '상품이미지_5.jpg'를 그림과 같이 배치한 후, 사각형 툴(■)을 클릭하여 Width '860px', Height '45px' 색상 '#6d7275', '#12272e'의 사각형을 두 개 그려 줍니다. 문자 툴(T.)을 선택하여 그림과 같이 문구를 입력한 후 [Character] 패널에 다음과 같이 설정하여 작성합니다. 그림과 같이 사각형에 문구를 배치합니다. 각각의 레이어 이름은 '이미지5', '텍스트1', '텍스트2'로 지정합니다.

첫 번째 문구
문구 : 최고급 소가죽을 사용함으로써 고급스러움을 구현
글꼴 : 나눔바른고딕 / **크기** : 20pt / **색상** : #fdfde1

두 번째 문구
문구 : 스마트폰과의 일체감을 강조한 디자인의 케이스
글꼴 : 나눔붓글씨 / **크기** : 23pt / **색상** : #ffffff

19 원형 툴(⬤)을 클릭하여 Width '350px', Height '350px', 색상 '#ffffff'의 원형을 그려 준 뒤, [Layers] 패널에서 Opacity를 '60%'으로 설정합니다. 레이어 이름을 '가격1'로 변경합니다. '가격1' 레이어 위쪽으로 Width '330px', Height '330px', 색상 '#737373', opacity '84%'의 원형을 하나 더 그려 준 뒤, 레이어 이름을 '가격2'로 변경합니다.

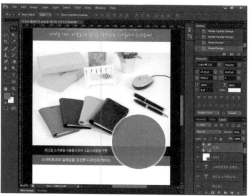

20 패턴을 만들기 위해 다음의 사항대로 빈 파일을 만듭니다.

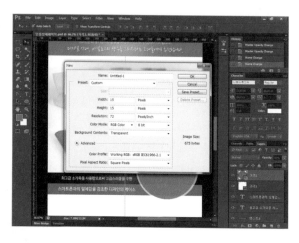

> Width : 15px
> Height : 15px
> Resolution : 72px
> Color Mode : RGB Color 8bit
> Background Contents : Transparent

21 화면을 최대로 확대합니다. 펜 툴(✐)을 클릭하여 옵션을 '1px', 색상 '#ffffff'으로 설정해준 뒤, 그림과 같이 대각선을 그어 줍니다.

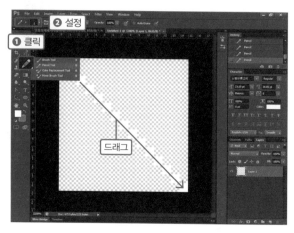

> 화면 확대 단축키 : Ctrl + 0

22 [Edit]–[Define Pattern] 메뉴로 대각선 이미지 패턴의 이름을 '흰대각선'으로 등록합니다.

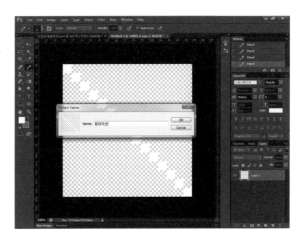

23 '단품상세페이지' 파일로 돌아와 '가격2' 레이어를 선택합니다. [Layers] 패널 하단의 [fx]–[Pattern Overlay]를 클릭한 후 대화상자에서 앞에 등록해 준 '흰대각선' 패턴을 선택한 후, [OK] 단추를 클릭합니다.

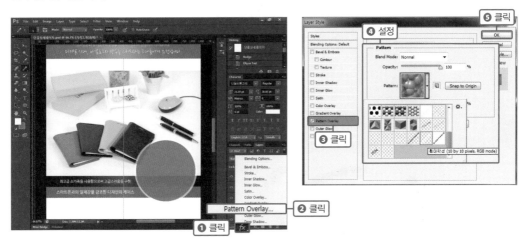

24 문자 툴(T.)을 선택하여 그림과 같이 문구를 입력한 후 '가격2' 레이어 위쪽으로 알맞게 배치하여 완성합니다. 하단 부분도 위와 같은 방법으로 타이틀 & 설명 → 사진 특징 배치의 형태로 제작해 보세요!

문구 : 40% (11월 30일까지) 런칭기념 특가! 89,000원 53,400원

25 그림과 같이 상세페이지가 완성됩니다.

포인트 표시하는 점선 원 만드는 방법

Tip

Photoshop CS6 이상 버전에서는 도형에 테두리를 넣는 쉬운 방법을 제공하고 있습니다.

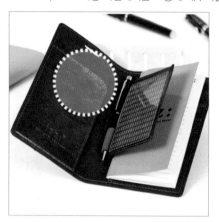

원형 툴(◎)을 선택하고 툴 옵션 바를 확인합니다.

옵션창의 'Fill'은 도형의 색상, 'Stroke'는 테두리 색상을 의미합니다. 그 옆에 있는 숫자는 테두리의 크기를 의미하고, 그 옆의 선은 테두리 선의 모양을 의미합니다.

❶ 원형 툴(⬤)을 클릭하여 Width '284px', Height '284px', 색상 '#ffffff'의 원형을 그려 준 뒤, [Layers] 패널에서 Opacity 값을 '50%'로 낮춰 줍니다.

❷ 레이어를 복제(Ctrl + J)합니다. 복제한 레이어의 Opacity를 '100%'로 변경합니다. 상단의 옵션 바에서 점선 모양을 선택한 뒤, 두께를 '5pt'로 설정합니다.

❸ 화면에서 도형이 두 개가 겹쳐져서 나타나는 모양을 확인할 수 있습니다.

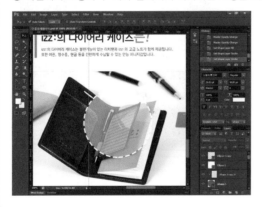

SECTION 03 배송 정보 제작하기

배송 정보를 안내하는 페이지의 이미지를 제작해봅시다.

📢 따라하기

완성 파일 ▶ Part3/Chapter2/Section3/배송정보제작하기_완성.psd

01 [File]–[New] 메뉴를 클릭해 그림과 같이 새 파일을 만듭니다.

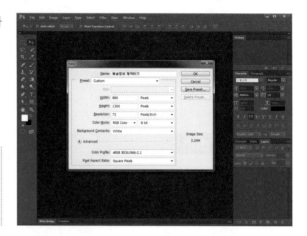

> Width : 860px
> Height : 1300px
> Resolution : 72
> Color Mode : RGB Color
> Background Contents : White

02 빈 파일이 생성되면 [View]–[Ruler] 메뉴를 클릭합니다. 430px 위치에 가이드 선을 배치하여 중심선을 표시합니다.

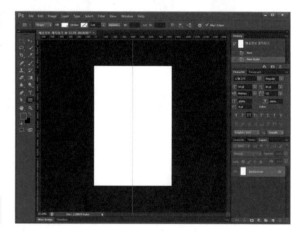

> 눈금자 단축키 : Ctrl + R

03 사각형 툴(■)을 클릭하여 사이즈 Width '833px', Height '1268px', 색상은 '#ffffff'의 사각형을 그려 줍니다. 레이어 이름을 '테두리'로 변경합니다.

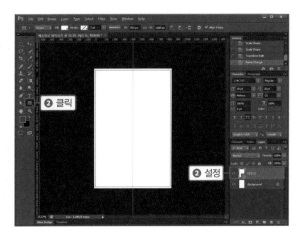

04 '테두리' 레이어를 선택한 후, [Layers] 패널 하단의 [fx]–[Stroke]를 사용하여 Size '3px', Color '#dbdbdb'의 테두리를 만듭니다.

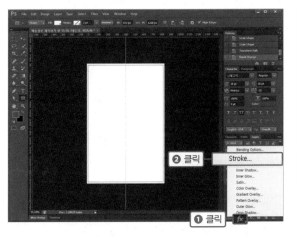

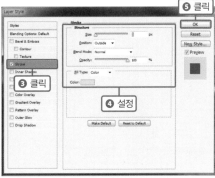

05 텍스트 부분의 배경을 만들기 위해 사각형 툴(■)을 클릭하여 사각형을 그립니다. 레이어 이름은 '텍스트'로 변경합니다.

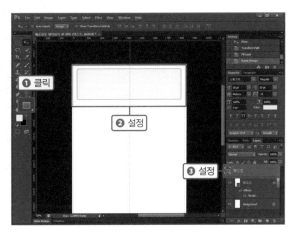

사각형
Width : 780px
Height : 223px
색상 : #f4f1f2

06 오른쪽 상단에 타이틀 텍스트 부분 배경을 만들어 주기 위해 사각형 툴(▤)을 클릭하여 사각형을 그려 줍니다. 레이어 이름을 '타이틀'로 변경합니다.

┌─────────────────────────────
사각형
Width : 167px
Height : 45px
색상 : #555555
└─────────────────────────────

07 새 레이어를 만들어 줍니다. 펜 툴 (✐)을 이용하여 사각형의 오른쪽 부분에 그림과 같이 그려 줍니다. [Paths] 패널에서 그려진 패스 레이어를 Ctrl 키를 누른 채 클릭하여 선택 영역을 만듭니다.

┌─────────────────────────────
새 레이어 단축키 : Ctrl + Shift + N
└─────────────────────────────

08 전경색을 '#d9d7d8'로 바꾼 후, Alt + Delete 키를 눌러 색상을 적용합니다. 선택 영역으로 지정된 레이어만 적용됩니다. Ctrl + D 키를 눌러 선택 영역을 해제합니다.

09 'Layer 1' 레이어를 텍스트 레이어 위쪽으로 위치시킨 후, 마우스 오른쪽 단추를 클릭하여 [Create Clipping Mask]를 클릭하여 레이어 안쪽으로 이미지를 배치합니다.

클리핑 마스크 단축키 : Alt + Ctrl + G

10 [File]–[Place] 메뉴를 실행하여 '아이콘1.jpg' 파일을 불러옵니다. 크기를 알맞게 조절한 뒤 그림과 같이 오른쪽 하단에 배치합니다.

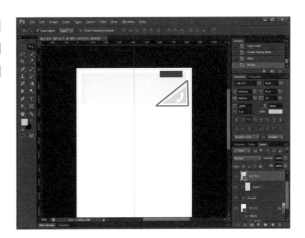

11 문자 툴(T)을 선택하여 그림과 같이 문구를 입력한 후 [Character] 패널에 아래와 같이 설정하여 작성합니다. 이동 툴(▶)을 선택하여 그림과 같이 문구를 타이틀 배경 위쪽으로 배치합니다.

문구
글꼴 : 나눔고딕
스타일 : Bold
크기 : 30pt
색상 : #ffffff

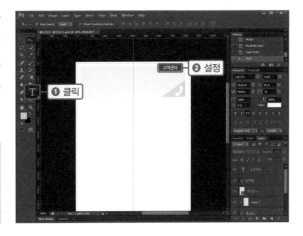

Tip ─ 텍스트는 배송안내문구.txt 파일의 내용을 예제로 사용하세요.

12 문자 툴(T.)을 선택하여 그림과 같이 문구를 입력한 후 [Character] 패널에 아래와 같이 설정하여 작성합니다.

전화번호
글꼴 : 나눔고딕 / **스타일** : ExtraBold / **크기** : 50pt /
색상 : #ffffff

내용
글꼴 : 나눔고딕 / **크기** : 18pt / **색상** : #555555

13 텍스트 앞쪽에 머리말 기호를 만들기 위해 원형 툴(●)로 원형을 그려 줍니다. 그림과 같이 텍스트 앞쪽에 배치한 뒤, 레이어 이름을 '원'으로 수정합니다.

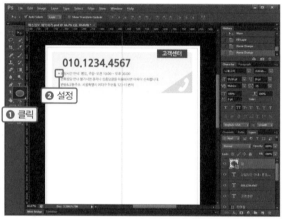

원형
Width : 5px
Height : 5px
색상 : #555555

14 각각의 텍스트 앞쪽에 기호를 넣기 위해 '원' 레이어를 선택한 뒤 Ctrl+J 키를 눌러 레이어를 복사합니다. 복사된 레이어를 이동 툴(✛)을 선택하여 그림과 같이 각각 배치합니다.

15 [Layers] 패널에서 지금까지 작업한 레이어를 테두리만 제외하고 Shift 키를 눌러 모두 선택한 뒤, [Layer]–[Group Layers]를 클릭하여 그룹으로 묶어 줍니다. 그룹 폴더를 더블클릭하여 그룹 이름을 '01'로 변경합니다.

레이어 그룹 설정 단축키 : Ctrl + G

16 '01' 그룹을 선택한 뒤 마우스 오른쪽 단추를 클릭하여 [Duplicate Group]을 선택해 그룹을 복사합니다. [Duplicate Group] 대화상자에 As는 "02"로 입력하고 [OK] 단추를 클릭하여 적용합니다. [Layers] 패널에 '02' 이름의 그룹이 복사되었습니다.

17 '02' 그룹을 선택한 후, Ctrl + T 키를 누릅니다. 트랜스폼 상태에서 Shift 키를 누른 채 아래쪽으로 드래그하여 그림과 같이 배치하고 Enter 키를 눌러 적용합니다.

18 문자 툴(T.)을 선택한 후, 이미지의 텍스트 부분 위쪽에서 클릭합니다. 그림과 같이 문구를 입력한 후 [Character] 패널에 아래와 같이 작성합니다. [File]–[Place] 메뉴를 실행하여 폴더에서 '아이콘2.jpg' 파일을 불러옵니다. 크기를 알맞게 조절한 뒤 그림과 같이 오른쪽 하단에 배치합니다.

문구
글꼴 : 나눔고딕
스타일 : Bold
크기 : 18pt
색상 : #555555

19 같은 방법으로 그룹을 복사하여 교환/반품 부분을 '아이콘3.jpg' 파일을 이용하여 제작합니다. 텍스트에 맞춰 텍스트 배경 부분을 크기를 Ctrl + T 키를 눌러 조절합니다.

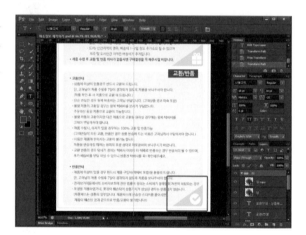

04 여러 사진 한방에 편집하는 Batch & action

DSLR로 촬영한 사진이나 화질이 좋은 사진은 웹으로 업로드하기에는 사이즈나 용량이 큰 경우가 많습니다. 이럴 때는 용량을 축소하여 업로드 해야 하는데, 한번에 급격하게 축소하면 이미지가 깨지거나 손상됩니다. 이걸 방지하기 위해서 단계적으로 여러 번 줄여야 합니다. 이를 위한 기능을 알아보겠습니다.

📢 따라하기

01 '벚꽃젤리1.jpg' 파일을 불러옵니다. 편집에 들어가기 전 자주 사용하는 메뉴를 기록하기 위하여 [Window]–[Actions] 메뉴를 클릭합니다.

02 [Actions] 패널에서 'Create new action(▣)' 단추를 클릭합니다.

03 [New Actions] 대화상자에서 'Name' 을 '5616 리사이징'으로 입력한 후 [Re-cord] 단추를 클릭합니다.

04 [Action] 패널에서 '중지'( ) 단추가 뜨면 [Image]–[Image Size] 메뉴를 클릭합 니다.

05 [Image Size] 대화상자에서 단계적 으로 줄이기 위해 'Width' 값을 '5000'으로 입력하여 [OK] 단추를 클릭합니다. 이때 Width 값을 수정하면 Height 값은 자동으 로 비율에 맞게 조정됩니다.

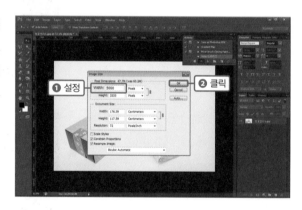

06 한번 더 이미지 크기를 줄이기 위해 [Image]–[Image Size] 메뉴를 클릭합니다.

07 'Width' 값을 '4500'로 입력하여 [OK] 단추를 클릭합니다.

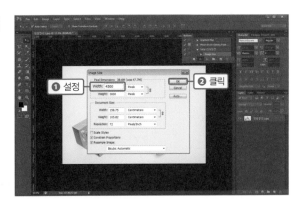

08 Width 값이 1500px이 될 때까지 단계적으로 이미지 사이즈를 줄여 줍니다. 작업이 진행되는 동안 [Actions] 패널에 기록이 되는 것을 확인할 수 있습니다. 작업이 완료가 되면 [Actions] 패널에 정지(■) 단추를 클릭합니다.

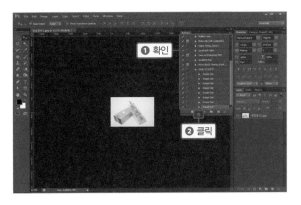

09 [Actions] 패널에는 그간의 작업이 모두 기록되었습니다.

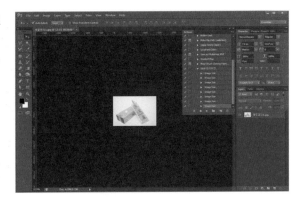

10 해당 액션을 가로 값이 5616px인 여러 사진에 적용하기 위하여 [File]–[Automate]–[Batch] 메뉴를 클릭합니다.

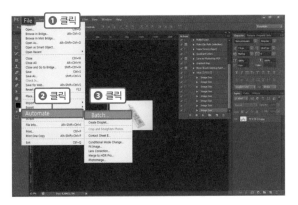

11 [Batch] 대화상자에서 [Choose…] 단추를 클릭하여 가로 값이 동일한 사진들이 들어 있는 폴더를 선택합니다.

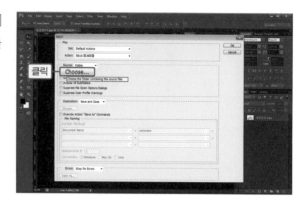

12 이어서 'Destination'에서 [Choose…] 를 클릭하여 파일을 저장할 위치를 선택 후 [OK] 단추를 눌러 저장합니다.

13 [OK] 단추를 클릭하면 선택한 폴더 안에 들어 있는 이미지들의 사이즈가 일괄적으로 줄어듭니다. 액션이 종료가 되어 [JPGE Options] 대화상자가 뜨면 [OK] 단추를 클릭합니다.

14 앞에서 설정한 폴더에 모든 이미지들이 가로 값 1500px로 일괄적으로 줄어들어 있습니다.

이름	사진 크기
벚꽃젤리1_완성	1500 x 1001
벚꽃젤리2_완성	1500 x 1001
벚꽃젤리3_완성	1500 x 1001
벚꽃젤리4_완성	1500 x 1001
벚꽃젤리5_완성	1500 x 1001

CHAPTER
03

다중 옵션 상세페이지
실전 제작하기(앨범)

주문 옵션이 여러 개인 상품의 상세페이지는 단품처럼 상세하게 나타내기보다는 일목요연하게 알아볼 수 있도록 영역별로 제작하는 것이 중요합니다. 종이 질감 표현을 콘셉트로 하는 앨범의 상세페이지를 제작해보겠습니다. 통일성 있는 디자인과 옵션이 다수인 상세페이지입니다.

SECTION 01 인트로 제작하기

📢 따라하기

완성 파일 ▶ Part3/Chapter3/Section1/인트로제작하기_완성.psd

01 [File]-[New] 메뉴를 클릭한 후 [New] 대화상자에서 그림과 같이 설정합니다.

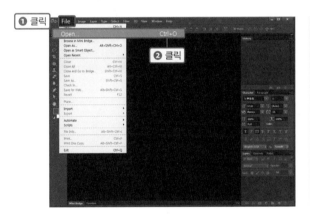

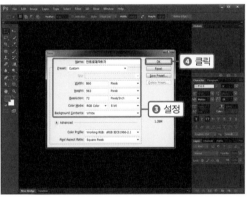

Name : 인트로제작하기
Width : 860px
Height : 563px

02 빈 파일이 생성되면 [View]–[Ruler]
메뉴를 클릭합니다. 눈금자가 화면에 표시
됩니다. 왼쪽 눈금자를 클릭하여 화면으로
드래그합니다. 430px 위치에 가이드선을
배치하여 중앙을 표시합니다.

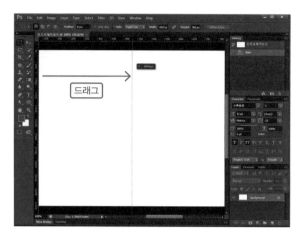

눈금자 단축키 : Ctrl + R

03 툴 바에서 사각형 툴(■)을 클릭하여 사각형을 그려 줍니다. [Layers] 패널에서 레이어 이름
을 더블클릭하여 '이미지마스크'로 변경합니다.

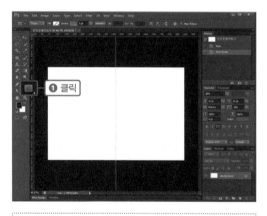

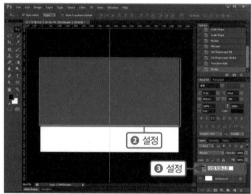

사각형
Width : 860px
Height : 400px

 Tip 도형 툴을 이용해 정확한 사이즈로 도형을 그리고 싶을 때는 화면을 클릭하면 생성되는 도형 크기 창에
서 조절(CS6 이상 버전에서 가능)하거나 [Window]–[Info] 메뉴에서 패널로 수치를 확인하며 그릴 수 있
습니다.

04 [File]-[Open] 메뉴를 클릭하여 '인트로제작하기_1.jpg' 파일을 불러옵니다.

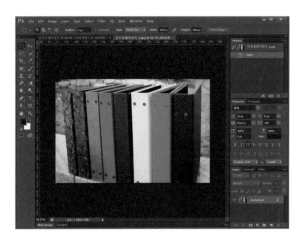

05 '인트로제작하기_1.jpg' 파일에서 [Select]-[All] 메뉴를 클릭하여 이미지 전체를 선택한 뒤, [Edit]-[Copy] 메뉴를 선택하여 이미지를 복사합니다.

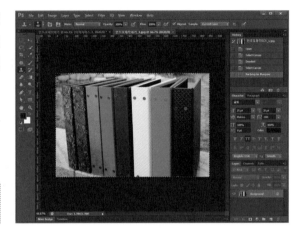

전체 선택 단축키 : Ctrl + A
복사하기 단축키 : Ctrl + C

06 '인트로제작하기' 파일로 돌아와 [Edit]-[Paste] 메뉴를 클릭하여 이미지를 붙여넣어 줍니다. 레이어 이름을 '앨범이미지'로 설정합니다.

붙여넣기 단축키 : Ctrl + V

07 '앨범이미지' 레이어를 선택한 후 마우스 오른쪽 단추를 클릭하여 [Create Clipping Mask]를 선택하여 '이미지마스크' 레이어의 사각형 안쪽으로 이미지를 배치합니다.

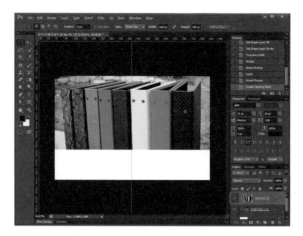

클리핑 마스크 단축키 : Alt + Ctrl + G

08 이미지에 들어갈 타이틀 글자의 배경을 만들기 위해 사각형 툴(▣)을 선택하고, 오른쪽 상단에 사각형을 그려 줍니다.

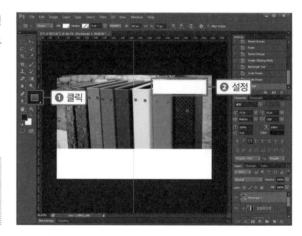

사각형
Width : 293px
Height : 77px
색상 : #ffffff

09 배경과 텍스트가 자연스럽게 어울리도록 [Layers] 패널에서 Opacity 값을 '85%'로 조절해 줍니다. 레이어 이름을 '박스1'로 변경합니다.

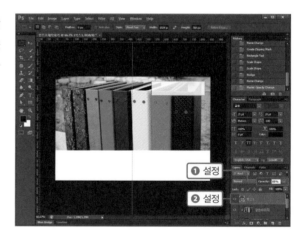

10 문자 툴( )을 선택하여 그림과 같이 문구를 입력한 후 [Character] 패널에 아래와 같이 설정합니다. 이동 툴( )을 선택하여 문구를 '박스1' 위에 알맞게 배치합니다.

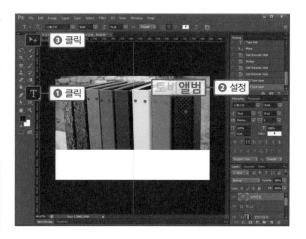

문구
글꼴 : 나눔고딕
크기 : 75pt
색상 : 토비 #62cbf5, 앨범 #5c5c5c

11 타이틀 문구 아래쪽에 문구 부분을 만들기 위해 사각형 툴( )을 선택하고, 도형을 그립니다.

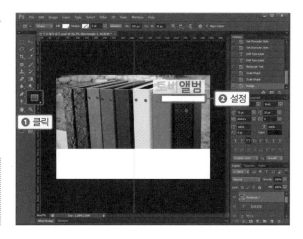

사각형
Width : 242px
Height : 32px
색상 : #ffffff

12 [Layers] 패널에서 Opacity 값을 '85%'로 조절합니다. 레이어 이름을 '박스2'로 변경합니다.

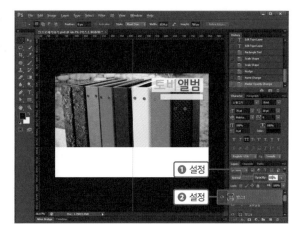

13 문자 툴(T.)을 선택하여 그림과 같이 문구를 입력한 후 [Character] 패널에 아래와 같이 설정합니다. 이동 툴(✛)을 선택하여 문구를 '박스2' 위에 알맞게 배치합니다.

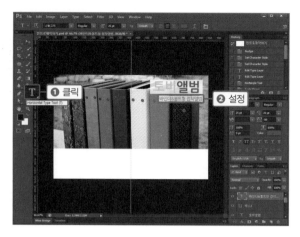

> **문구** : 바인더 & 볼트형 접착앨범
> **글꼴** : 나눔고딕
> **크기** : 25pt
> **색상** : #626262

14 종이를 넘기는 듯한 효과를 주기 위해 이미지 소스를 불러오도록 하겠습니다. [File]–[Open] 메뉴를 클릭하여 '종이넘김효과.jpg' 파일을 불러옵니다. 이미지 전체를 선택한 뒤, 복사하여 '인트로제작하기'에 붙여넣습니다.

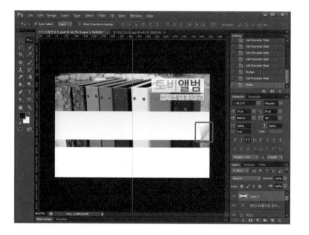

15 이동 툴(✛)을 선택하여 앨범 이미지 아래쪽으로 이미지를 놓고 레이어 이름을 '텍스트배경'으로 변경합니다.

16 문자 툴(T.)을 선택하여 "FOR THE BEST YOUR MEMORY" 문구를 입력한 후 [Character] 패널에 아래와 같이 설정합니다. 작성한 문구를 중앙에 맞추기 위해 [Edit]–[Free Transform] 메뉴를 클릭합니다. 조절 박스 상하의 중앙을 나타내는 작은 사각형 모양을 중앙 가이드선에 맞춰 가운데에 배치합니다.

트랜스폼 단축키 : Ctrl + T
글꼴 : Minion Pro
크기 : 35pt
색상 : #424242, 강조색 #62cbf5

17 문자 툴(T.)을 선택하여 그림과 같이 문구를 입력한 후 [Characters] 패널에 아래와 같이 설정합니다. 같은 방법으로 중앙 가이드선에 맞춰 가운데에 배치합니다.

문구 : 30년 전통의 액자 앨범의 명가 "토비앨범액자"
고객님들의 믿음과 신뢰를 가지고 성장하는 기업입니다.
글꼴 : 나눔고딕
크기 : 15pt
색상 : #5c5c5c

SECTION 02 옵션 제작하기

인트로에서 사용한 디자인을 모티브로 통일성 있게 옵션을 표현하겠습니다. 하나의 옵션 영역을 제작하여 다수의 옵션에 복제해서 사용하는 방법을 소개합니다. 순서대로 따라해 보고 실무에서 효율적으로 사용해보세요.

📢 따라하기

완성 파일 ▶ Part3/Chapter3/Section2/옵션제작하기_완성.psd

01 [File]—[New] 메뉴로 아래와 같이 설정합니다.

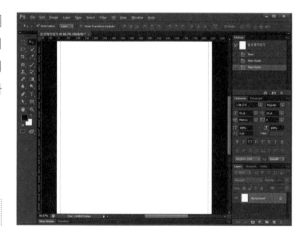

> Name : 옵션제작하기
> Width : 860px
> Height : 1078px
> Resolution : 72
> Color Mode : RGB Color
> Background Contents : White

02 빈 파일이 생성되면 [View]—[Ruler] 메뉴를 클릭합니다. 왼쪽 눈금자에서 드래그하여 가이드선을 각각 20px, 840px 위치에 배치하여 텍스트가 배치될 부분을 화면에 표시합니다.

> 눈금자 단축키 : Ctrl + R

03 툴 바에서 사각형 툴(■)을 클릭하여 Width '860px', Height '262px'인 사각형을 그려줍니다. 그림과 같이 배치한 후, [Layers] 패널에서 레이어 이름을 더블클릭하여 '이미지마스크1'로 변경합니다.

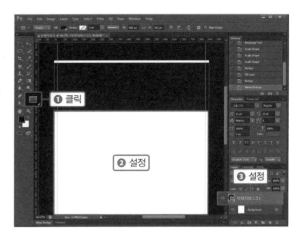

04 [File]–[Open] 메뉴를 클릭하여 '옵션이미지_1.jpg' 파일을 불러옵니다. [Select]–[All] 메뉴를 클릭하여 이미지 전체를 선택한 뒤, [Edit]–[Copy] 메뉴를 선택하여 이미지를 복사합니다. '옵션제작하기' 파일로 돌아와 붙여넣어 줍니다. 이동 툴(▶)을 선택하여 그림과 같이 배치한 후, 레이어 이름을 '이미지1'로 변경합니다.

> 전체 선택 단축키 : Ctrl + A
> 복사하기 단축키 : Ctrl + C

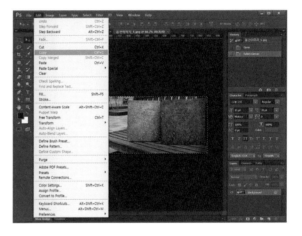

05 '이미지1' 레이어를 선택한 후 마우스 오른쪽 단추를 클릭하고 [Create Clipping Mask]로 클리핑 마스크를 적용하여 '이미지마스크1' 레이어의 사각형 안쪽으로 이미지를 배치합니다.

> 클리핑 마스크 단축키 : Alt + Ctrl + G

06 [File]–[Open] 메뉴를 클릭하여 '종이 넘김효과.jpg' 파일을 불러옵니다. 이미지 전체를 선택한 뒤, 이미지를 복사하여 '인트로제작하기'에 붙여넣어 줍니다.

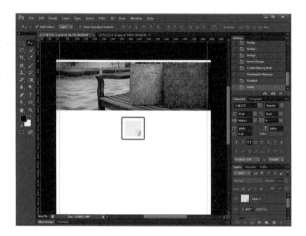

07 이동 툴(▶)을 선택하여 그림과 같이 '이미지1' 레이어의 상단으로 이동한 뒤, 표시해 둔 가이드선에 맞춰 왼쪽으로 배치합니다. 레이어 이름을 "선택01"로 변경합니다.

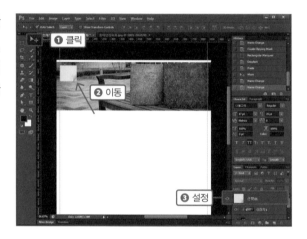

08 문자 툴(T)을 선택하여 "선택01" 문구를 입력한 후 [Character] 패널에 아래와 같이 설정합니다.

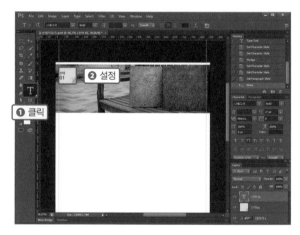

> **글꼴** : 나눔고딕
> **스타일** : Bold
> **크기** : 선택-17pt / 01-25pt
> **색상** : #323232

09 이동 툴(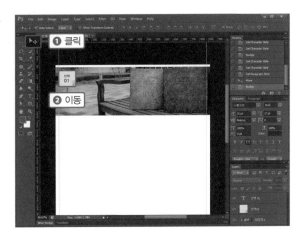)을 선택하여 그림과 같이 작성한 문구를 이미지 중앙에 놓습니다.

10 이미지에 들어갈 상품명의 배경을 만들기 위해 사각형 툴(■)을 선택하고 사각형을 그려 준 뒤 그림과 같이 배치합니다.

사각형
Width : 256px
Height : 32px
색상 : #ffffff

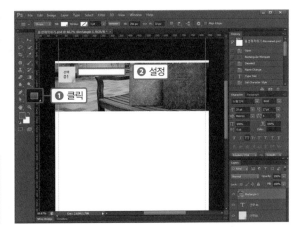

11 배경과 텍스트가 자연스럽게 어울리도록 [Layers] 패널에서 Opacity 값을 '85%'로 조절합니다. 레이어 이름을 '박스 1'로 변경합니다.

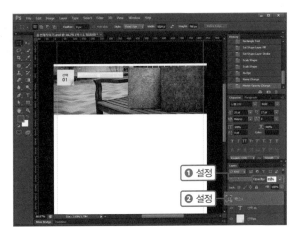

12 문자 툴(T.)을 선택하여 "로즈마린 접착식 앨범" 문구를 입력한 후 [Character] 패널에 아래와 같이 설정하여 작성합니다. 이동 툴(▶+)을 선택하여 문구를 그림과 같이 '박스1' 위에 알맞게 배치합니다.

글꼴 : 나눔고딕
크기 : 28pt
색상 : #323232

13 상품명 아래 금액을 넣기 위해 사각형 툴(▢)을 선택하고, 사각형을 그려 줍니다. [Layers] 패널에서 Opacity 값을 '85%'로 조절합니다. 레이어 이름은 "박스2"로, 변경합니다.

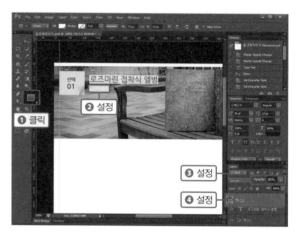

Width : 73px
Height : 22px
색상 : #ffffff

14 문자 툴(T.)을 선택하여 "21,000원"을 입력한 후 [Character] 패널에 아래와 같이 설정하여 작성합니다. 이동 툴(▶+)을 선택하여 그림과 같이 '박스2' 위에 알맞게 배치합니다.

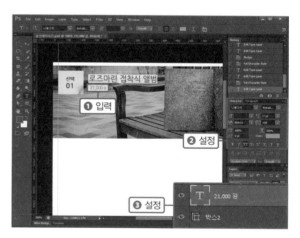

글꼴 : 나눔고딕
스타일 : ExtraBold
크기 : 숫자 - 17pt / 원 - 12pt
색상 : #1baae3

15 이 상품은 색상이 두 종류이므로 구별하기 편하도록 이미지에 색상명을 적어 줍니다. 상품명과 금액을 적었던 방법으로 사각형 툴(■)을 선택하여 사각형을 그려 준 뒤 문자 툴(T)을 선택하여 그림과 같이 문구를 입력하고 배치합니다.

> **문구** : 다크그레이, 다크브라운
> **글꼴** : 나눔고딕
> **크기** : 12pt
> **색상** : #383838

16 [Layers] 패널에서 지금까지 작업한 레이어를 Shift 키를 눌러 모두 선택한 뒤, [Layer]-[Group Layers] 메뉴를 클릭하여 그룹으로 묶어 줍니다.

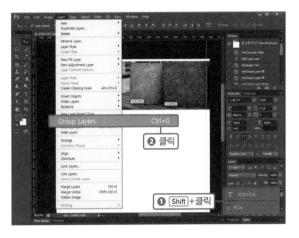

17 [Layers] 패널에서 그룹 폴더를 더블 클릭하여 그룹 이름을 "01"로 변경합니다.

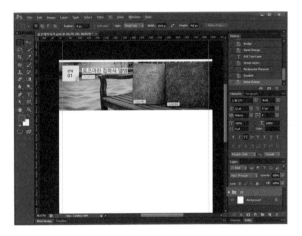

18 '01' 그룹을 선택한 뒤 마우스 오른쪽 단추를 클릭하여 [Duplicate Group]을 선택해 그룹을 복사합니다.

19 [Duplicate Group] 대화상자가 나타나면 As에 '02'로 입력하고 [OK] 단추를 클릭하여 적용합니다. [Layers] 패널에 '02' 그룹이 복사된 것을 확인할 수 있습니다.

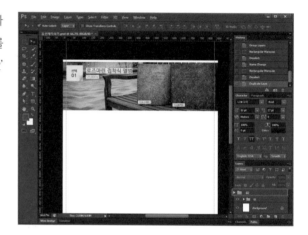

20 '02' 그룹을 선택한 후, 이동 툴(▶+)을 클릭합니다. Shift 키를 누른 채 아래쪽으로 드래그하여 그림과 같이 배치합니다.

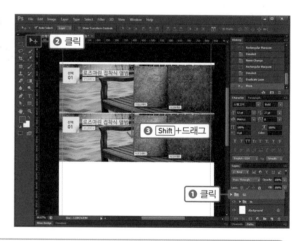

Tip ◀ 특정 이미지만 이동된다면 [Layers] 패널에서 그룹 레이어를 선택하고 Ctrl+T 키를 눌러 트랜스폼으로 전체 크기 수정 모드를 만듭니다. 이어서 Shift 키를 누른 채로 아래로 드래그합니다. Enter 키를 누르면 이동이 완료됩니다.

21 '02' 그룹명 앞쪽에 드롭다운 도형을 클릭하면 그룹 안의 레이어를 확인할 수 있습니다. '01' 그룹에서 작업했던 레이어가 그대로 복사되어 있습니다.

 Tip 같은 레이아웃을 복사하여 이미지와 텍스트만 편집하면 새로 작업하는 것보다 간단하게 상세페이지를 제작할 수 있습니다.

22 '02' 그룹의 '이미지마스크1' 레이어를 선택한 뒤, [File]-[Open] 메뉴를 클릭하여 '옵션이미지_2.jpg' 파일을 불러옵니다. [Select]-[All] 메뉴를 클릭하여 이미지 전체를 선택한 뒤, 이미지를 복사합니다. '옵션제작하기' 파일로 돌아와 이미지를 붙여넣어 줍니다. 레이어의 이름을 '이미지2'로 변경합니다.

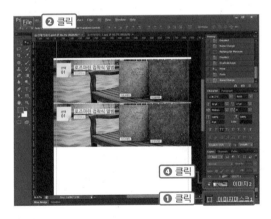
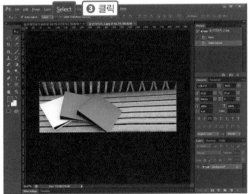

23 '이미지1' 레이어를 선택한 후, [Delete] 키를 누르거나 [Layers] 패널의 레이어 삭제 아이콘을
클릭해 삭제합니다. '이미지2'가 '이미지마스크1'에 클리핑 마스크로 포함된 이미지로 자동으로 만들
어집니다.

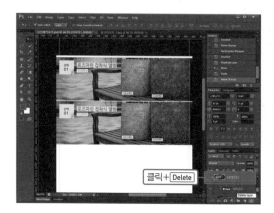
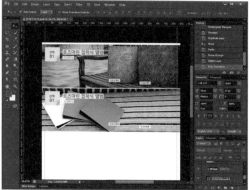

24 텍스트 배경과 텍스트 레이어를 [Shift] 키를 누르고 선택하여 모두 선택한 뒤 이동 툴(🔁)을
이용하여 미리 설정한 텍스트 위치 가이드선에 맞춰 그림과 이동시켜 줍니다.

25 문자 툴(T)을 선택한 후, 이미지의
텍스트 부분 위쪽에서 클릭합니다. 문자
편집이 가능한 상태로 바뀌게 됩니다. 선
택 번호와 상품명, 금액명을 그림과 같이
변경합니다.

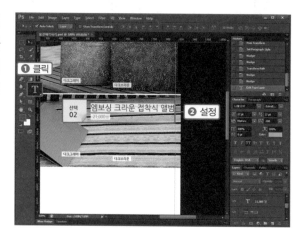

26 '01' 그룹에서는 두 개의 색상명을 사용했지만 '02' 그룹에서는 세 개의 색상명이 필요합니다. 상품색상명과 사각형 레이어를 같이 선택한 후 마우스 오른쪽 단추를 클릭하여 [Duplicate Layer]를 선택하면 레이어가 복사됩니다.

27 각각 색상명 텍스트를 편집해 준 뒤, [Edit]-[Free Transform] 메뉴를 사용하여 색상명 텍스트 길이에 맞춰 사각형 크기를 조절해 줍니다. 색상명을 그림과 같이 해당 상품 위쪽으로 배치합니다.

트랜스폼 단축키 : Ctrl + T

28 '선택03'과 '선택04'도 같은 방법으로 그룹을 복사해 이미지를 교체하고 텍스트를 수정하여 제작합니다. '옵션이미지_3.jpg', '옵션이미지_4.jpg' 이미지를 이용합니다.

Tip 선택03은 01그룹을, 선택04는 02그룹을 복사해 사용하면 레이어 작업 없이 텍스트와 이미지 교체만으로 제작이 가능하므로 시간을 단축할 수 있습니다.

03 상품상세영역 제작하기

지금까지 제작한 디자인의 통일성을 유지하면서 상품의 특장점을 소개하는 페이지를
제작해보겠습니다. 섹션을 따라하면서 본인의 상세페이지에 사용하고 설명할 내용을
생각해보세요. 필요한 사진 등도 정리해 두면 실전에서 촬영 및 제작의 시간을 줄일
수 있습니다.

📢 따라하기

완성 파일 ▶ Part3/Chapter3/Section3/상품상세제작하기_완성.psd

01 [File]-[New] 메뉴로 새 파일을 만들
고 다음과 같이 설정합니다.

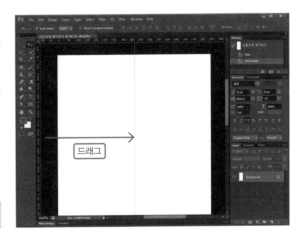

> Name : 상품상세 제작하기
> Width : 860px
> Height : 1733px
> Resolution : 72
> Color Mode : RGB Color
> Background Contents : White

02 빈 파일이 생성되면 [View]-[Ruler]
메뉴를 클릭합니다. 왼쪽 눈금자를 클릭하
여 화면으로 드래그합니다. 430px 위치에
가이드선을 배치하여 상세페이지의 중앙
을 표시합니다.

드래그

> 눈금자 단축키 : Ctrl + R

03 총 4개의 장점 구역으로 구성된 상세 페이지를 제작합니다. 각 구역을 나누기 위해 사각형 툴(■)을 클릭하여 사각형을 그려 줍니다. [Layers] 패널에서 레이어 이름을 더블클릭하여 '장점1'로 변경합니다.

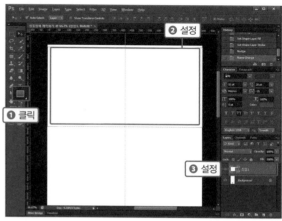

사각형
Width : 860px
Height : 430px
색상 : #ffffff

04 각 구역의 구분선을 만들기 위해 '장점1' 레이어를 선택한 후, [Layers] 패널 하단의 [fx]를 클릭하고 [Stroke]를 클릭합니다.

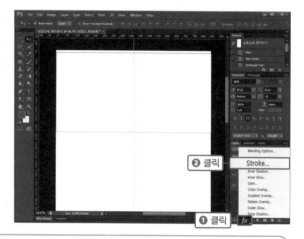

Tip Stroke는 레이어에 테두리를 만들어 줄 때 사용합니다. 색상과 두께를 설정할 수 있습니다.

05 [Layer Style] 대화상자가 나타나면 Size는 '1px', Position은 'Inside', Color는 '#dddddd'로 설정한 뒤 [OK] 단추를 클릭하여 적용합니다.

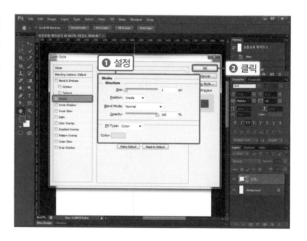

06 툴 바에서 사각형 툴(■)을 클릭해 사각형을 그려 줍니다. 그림과 같이 오른쪽으로 도형을 배치시키고 레이어 이름을 '이미지마스크1'로 변경합니다.

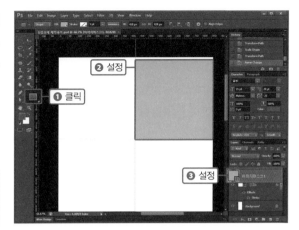

정사각형
Width : 428px
Height : 428px

 Shift 키를 누른 채 도형을 그려 주면 정사각형, 정원으로 도형이 그려집니다. 사각형의 색은 흰색 외 아무 색이나 관계 없으니 임의로 설정해 주세요.

07 [File]–[Open] 메뉴를 클릭하여 '상품상세이미지_1.jpg' 파일을 불러옵니다. Ctrl + A 키를 눌러 이미지 전체를 선택하고 Ctrl + C 키를 눌러 복사합니다. '상품상세 제작하기' 파일로 돌아와서 Ctrl + V 키를 눌러 이미지를 붙여넣고 레이어의 이름을 '상세이미지1'로 설정합니다. 이어서 Ctrl + T 키를 눌러 크기와 위치를 변경하며 '이미지마스크1'의 색상을 뒤덮어줍니다.

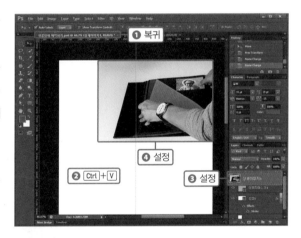

08 '상세이미지1' 레이어에 마우스 오른쪽 단추를 클릭하여 [Create Clipping Mask]를 선택합니다.

클리핑 마스크 단축키 : Alt + Ctrl + G

09 이미지 하단에 종이넘김 효과를 주기 위해 이미지 소스를 불러오도록 하겠습니다. [File]–[Open] 메뉴를 실행하여 '종이넘김효과.jpg' 파일을 불러옵니다. 이미지를 복사하여 '상품상세 제작하기' 화면으로 붙여넣어 줍니다. 레이어 이름을 '종이넘김효과'로 변경합니다.

10 이동 툴(⊕)을 이용하여 '상세이미지 1'을 오른쪽 하단으로 이동한 후, Alt + Ctrl + G 키를 눌러 클리핑 마스크를 적용합니다. '종이넘김효과' 레이어가 '이미지 마스크1' 레이어로 포함됩니다.

11 문자 툴(T.)을 선택하여 이미지 왼쪽에 "ADVANTAGE.1" 문구를 입력한 후 [Character] 패널에 아래와 같이 설정하여 작성합니다. 글자 밑부분에 밑줄을 넣기 위해 [Character] 패널에서 'Underline'을 체크합니다.

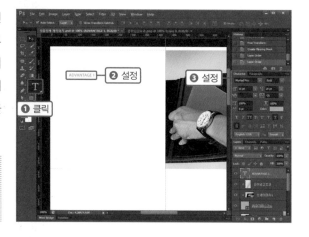

글꼴 : Myriad Pro
스타일 : Bold
크기 : 16pt
색상 : #42bced

12 문자 툴(T.)을 클릭하여 그림과 같이 문구를 입력한 후 [Character] 패널에 아래와 같이 설정하여 작성합니다. 이동 툴(▶+)을 선택하여 위치를 알맞게 배치합니다.

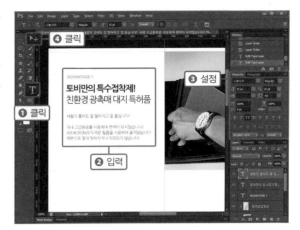

글꼴 : 나눔고딕, 강조 부분 나눔고딕 Bold
크기 : 제목 32pt, 내용 15pt
색상 : 제목 #151515, 내용 #626262

 Tip 텍스트는 상품상세텍스트.txt 파일의 내용을 예제로 사용하세요.

 Tip 텍스트 작성 시 여러 개의 레이어를 사용한 경우, Shift 키를 누른 채 레이어를 다중 선택하고 이동 툴(▶+)의 옵션 바의 정렬 기능을 이용하면 간편히 텍스트를 배치할 수 있습니다. 상하좌우, 중앙, 레이어 간격 등 원하는 정렬 방식을 선택하면 레이어가 자동으로 정렬됩니다.

13 [Layers] 패널에서 지금까지 작업한 레이어를 Shift 키를 눌러 모두 선택한 뒤, [Layer]–[Group Layers] 메뉴를 클릭하여 그룹으로 묶어 줍니다. 그룹 폴더를 더블 클릭하여 그룹 이름을 '01'로 변경합니다.

레이어 그룹 설정 단축키 : Ctrl + G

14 '01' 그룹을 선택한 뒤 마우스 오른쪽
단추를 클릭한 후 [Duplicate Group] 선택
해 그룹을 복사합니다.

15 [Duplicate Group] 대화상자가 나
타나면 As에 '02'로 입력하고 [OK] 단추
를 클릭하여 적용합니다. [Layers] 패널에
'02' 그룹이 복사됩니다.

16 '02' 그룹을 선택한 후, 이동 툴( )
을 클릭합니다. Shift 키를 누른 채 아래쪽
으로 드래그하여 그림과 같이 배치합니다.
'02' 그룹명 앞쪽에 드롭다운 단추를 클릭
하면 '01' 그룹에서 작업했던 레이어가 그
대로 복사된 것을 확인할 수 있습니다.

17 다음으로 사진을 왼쪽에 배치하는 형태로 만듭니다. '이미지마스크1', '상세이미지1', '종이넘김효과' 레이어를 Shift 키를 누른 채 모두 선택을 하고, 이동 툴( ) 또는 Ctrl + T 키를 눌러 조절 박스를 이용하여 그림과 같이 이동시켜줍니다.

18 같은 방법으로 텍스트 레이어를 모두 선택한 뒤 그림과 같이 이동합니다.

19 [File]-[Open] 메뉴를 클릭하여 '상품 상세이미지_2.jpg' 파일을 불러옵니다. 이미지 전체를 선택한 뒤, 이미지를 복사합니다. 파일로 돌아와 이미지를 붙여넣어 줍니다. 레이어 이름을 '상세이미지2'로 설정합니다.

20 '상세이미지1' 레이어를 [Layers] 패널 하단의 [Delete Layer]를 클릭하거나, Delete 키를 눌러 삭제합니다.

21 '상세이미지2' 레이어를 선택한 후, 이동 툴(◤◢) 또는 Ctrl+T 키로 그림과 같이 이미지를 이동하고 크기와 각도를 조절합니다. '이미지마스크1'의 크기에 맞춰 이미지를 조절합니다.

22 이미지의 오른쪽 하단에 있는 종이 넘김 효과 레이어를 이동 툴(◤◢) 또는 Ctrl+T 키를 눌러 왼쪽 하단으로 이동시켜줍니다.

23 [Ctrl]+[T] 키를 눌러 트랜스폼 조절 박스가 나타나면 마우스 오른쪽 단추를 클릭하여 [Flip Horizontal]을 선택합니다. 이미지 좌우가 바뀌어 이미지에 종이 넘김 효과가 자연스럽게 적용됩니다. [Enter] 키를 눌러 변형을 완료합니다.

> **Tip** 이미지 상하반전은 트랜스폼 조절 박스가 나타난 상태에서 마우스 오른쪽 단추로 클릭하여 [Flip Verti-cal]을 클릭하면 적용됩니다.

24 문자 툴([T.])을 선택한 후, 이미지의 텍스트 부분 위쪽에서 클릭합니다. 문자 편집이 가능한 상태로 바뀌게 됩니다. '장점2' 부분을 그림과 같이 변경합니다.

25 '장점3'과 '장점4'도 같은 방법으로 그룹을 복사해 그림과 같이 이미지를 교체하고 텍스트를 수정하여 제작합니다. 장점 3은 '상세이미지_3.jpg', 장점4는 '상세이미지_4.jpg' 이미지를 이용합니다.

> **Tip** 장점3은 01그룹을, 장점4는 02그룹을 복사해 사용하면 레이어 이동 작업 없이 텍스트와 이미지 교체만으로 제작이 가능하므로 시간을 단축할 수 있습니다.

26 완성된 화면입니다.

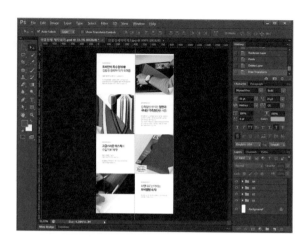

SECTION **04 배송안내 제작하기**

마무리로 배송 정보, 고객센터 정보가 담긴 구역입니다. 앞선 섹션의 디자인과 통일성 있는 디자인으로 제작하되 단품 상세페이지의 배송 정보보다 자세히 설정해야 합니다. 표를 이용하는 방법도 배워보겠습니다.

📣 따라하기

완성 파일 ▶ Part3/Chapter3/Section4/배송안내제작하기_완성.psd

01 [File]–[New] 메뉴에서 다음과 같이 설정합니다.

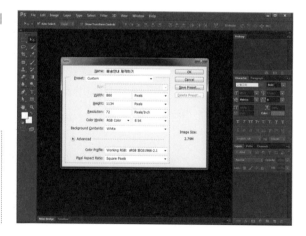

Name : 배송안내 제작하기
Width : 860px
Height : 1134px
Resolution : 72
Color Mode : RGB Color
Background Contents : White

02 빈 파일이 생성되면 [View]–[Ruler] 메뉴를 클릭합니다. 왼쪽 눈금자를 클릭하여 화면으로 드래그합니다. '100px', '430px', '760px' 위치에 가이드선을 배치하여 좌우 여백 부분과 중심선을 표시합니다.

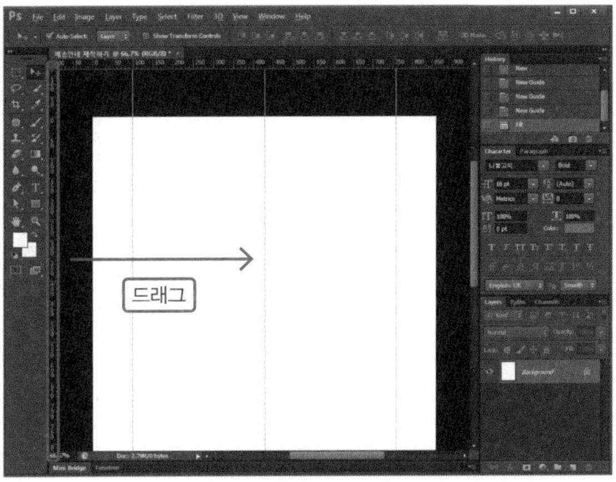

눈금자 단축키 : Ctrl + R

03 타이틀 텍스트 부분 배경을 만들어 봅니다. 사각형 툴(■)을 클릭하여 사각형을 그려 줍니다. 레이어 이름을 '타이틀박스'로 변경합니다.

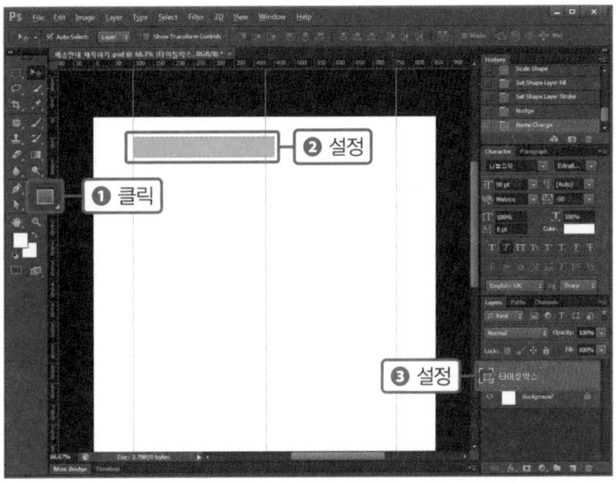

사각형
Width : 350px
Height : 50px
색상 : #11b0ea

04 텍스트 배경이 될 사각형 모양에 변형을 주기 위해 직접 선택 툴(▶)을 클릭합니다. 사각형을 클릭하면 모서리에 조절점이 나타납니다. 오른쪽 하단의 조절점을 클릭하면 흰색이 검은색으로 바뀌면서 조절이 가능한 상태가 됩니다. 오른쪽 하단 점을 안쪽으로 드래그하거나 방향키로 오른쪽으로 이동해 그림과 같은 모양으로 만들어 줍니다.

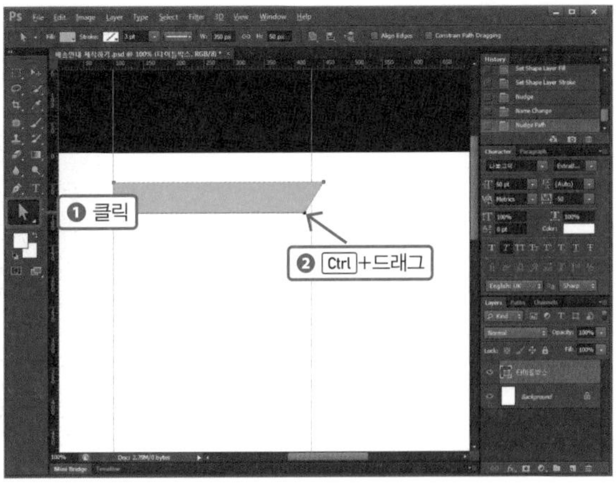

05 문자 툴(T)을 선택하여 "Customer Center" 문구를 입력한 후 아래와 같이 설정합니다. 그림과 같이 사각형 안에 알맞게 배치합니다.

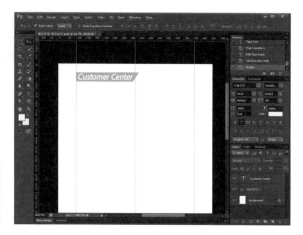

글꼴 : 나눔고딕
스타일 : ExtraBold
크기 : 43pt
색상 : #ffffff

06 사각형 툴(□)을 클릭해 사각형을 그려 줍니다. 레이어 이름을 '01'로 지정합니다.

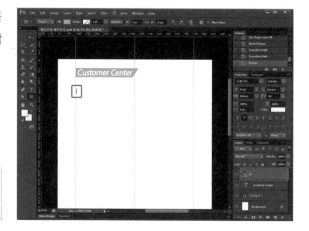

Width : 5px
Height : 25px
색상 : #11b0ea

07 문자 툴(T)을 선택하여 "DELEVERY INFO" 글자를 아래와 같이 설정한 뒤, 그림과 같이 사각형과 텍스트를 배치합니다.

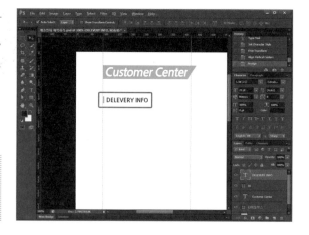

글꼴 : 나눔고딕
스타일 : ExtraBold
크기 : 21pt
색상 : # 373737

08 표 왼쪽 부분을 만들어 주기 위해 사각형 툴(■)을 클릭하여 사각형을 그려 줍니다. 레이어 이름을 '표1'로 지정합니다. [Layers] 패널 하단의 [fx]–[Stroke]를 클릭하여 테두리를 만듭니다.

> **사각형**
> Width : 155px / Height : 337px / 색상 : #ebebeb
>
> **테두리**
> Size : 1px / 색상 : #969696

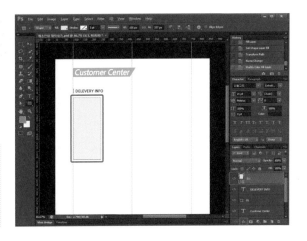

09 표 오른쪽 부분을 만들기 위해 사각형 툴(■)을 클릭하여 사각형을 그립니다. 레이어 이름을 '표2'로 지정합니다. 위와 같은 방법으로 [Stroke]를 사용하여 테두리를 만듭니다.

> **사각형**
> Width : 521px / Height : 337px / 색상 : #ffffff
>
> **테두리**
> Size : 1px / Color : #969696

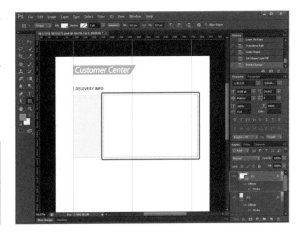

10 사각형을 표시해 둔 좌우 가이드선에 맞춰 그림과 같이 배치합니다.

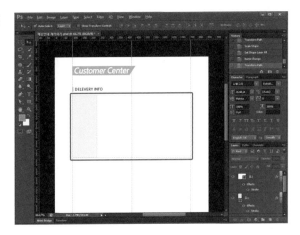

11 표 안쪽에 가로 구분선을 만들기 위해 선 툴(✏)을 사용하여 선을 그려준 뒤, Ctrl+J 키로 복사합니다. 각각 '라인1', '라인2'로 레이어 이름을 지정합니다.

선
width : 660px
Color : #969696
크기 : 1pt

---

12 문자 툴(T)을 선택하여 그림과 같이 입력한 후 아래와 같이 설정한 뒤, 표 안에 라인1, 2와 함께 알맞게 배치합니다.

글꼴 : 나눔고딕
스타일 : Bold
크기 : 18pt
색상 : #7a7a7a

---

13 내용 부분 위와 같이 문자 툴(T)을 선택하여 그림과 같이 입력한 후 아래와 같이 설정하여 표 안에 알맞게 배치합니다.

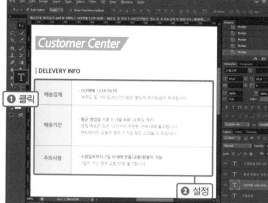

내용 문구
글꼴 : 나눔고딕 / **강조** : 나눔고딕 Bold
크기 : 15pt
색상 : #7a7a7a

Tip 텍스트는 고객센터내용.txt 파일의 내용을 예제로 사용하세요.

14 [Layers] 패널에서 타이틀 부분을 제외한 지금까지 작업한 레이어를 Shift 키를 눌러 모두 선택한 뒤, [Layer]–[Group Layers] 메뉴를 클릭하여 그룹으로 묶어줍니다. 그룹 이름을 '01'로 변경합니다.

레이어 그룹 설정 단축키 : Ctrl + G

15 '01' 그룹을 선택한 뒤 마우스 오른쪽 단추를 클릭하여 [Duplicate Group]를 클릭합니다. [Duplicate Group] 대화상자가 나타나면 As에 '02'로 입력 하고 [OK] 단추를 클릭하여 적용합니다. '02' 그룹을 선택한 후, Ctrl + T 키를 누릅니다. Shift 키를 누른 채 아래쪽으로 드래그하여 그림과 같이 복사하여 배치합니다.

16 문자 툴(T.)을 선택한 후, 텍스트 부분 위쪽에서 클릭합니다. 문자 편집이 가능한 상태로 바뀌면 각각 제목, 구분, 내용 텍스트를 그림과 같이 수정합니다. 텍스트에 맞춰 라인1, 2의 위치를 알맞게 배치합니다.

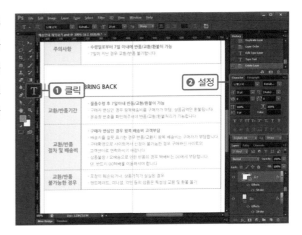

17 '01' 그룹에서 타이틀 박스와 타이틀 텍스트 부분만 복사한 뒤, 그림과 같이 텍스트를 수정하고 배치합니다.

18 고객센터의 주소 및 전화번호를 적어주기 위해 배경 부분을 만듭니다. 사각형 툴()을 클릭하여 사각형을 그립니다.

Width : 660px
Height : 125px
색상 : #ebebeb

19 문자 툴(T.)을 선택하여 주소, 전화 번호를 입력한 후 [Character] 패널에서 아래와 같이 설정합니다. 같은 방법으로 중앙 가이드선에 맞춰 가운데에 배치합니다.

글꼴 : 나눔고딕 / **강조** : 나눔고딕 Bold
크기 : 강조 18pt, 내용 12pt
색상 : #7a7a7a

20 'ADREESS' 내용 부분의 레이어를 그룹으로 만든 뒤 그룹명은 '03'으로 변경합니다.

CHAPTER
04

의류 상세페이지 실전 제작하기

쇼핑몰의 꽃인 의류의 상세페이지에 필요한 구성요소들과 제작 방법을 알아보겠습니다. 의류 상세페이지는 하나의 상품코드에 여러 개의 상품을 담는 경우가 대다수이므로 상품옵션 이미지를 클릭하여 팝업으로 상품의 디테일한 이미지를 소개합니다. 그러므로 클릭(옵션) 이미지, 팝업 이미지, 팝업 html을 작성해야 합니다. 영역별로 제작하면서 배워보겠습니다.

SECTION

01 클릭(옵션) 이미지

새 창을 띄워 상품의 디테일을 소개하려면 '클릭하는 이미지'가 필요합니다. 최대한 잘 나온 사진을 활용해서 제작해야 하며 보통 롤오버 형태로 만듭니다. 이미지에 마우스를 올리기 전과 후가 달라지는 이미지를 제작해보고, Section 3에서는 실제 코드를 입력하여 롤오버 모습을 표현해보겠습니다.

📢 따라하기

예제 파일 ▶ Part3/Chapter4/Section1/클릭(옵션)이미지_시작.psd
완성 파일 ▶ Part3/Chapter4/Section1/클릭(옵션)이미지_완성.psd

01 [File]-[Open] 메뉴를 클릭하여 '클릭(옵션)이미지_시작.psd' 파일을 열어 레이어를 확인합니다.

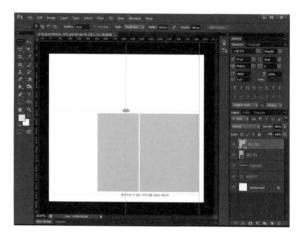

02 'Background' 레이어를 선택하고 사용자 도형 툴()을 이용하여 상단에 리본 모양을 그립니다. 화면에 표시된 모양들 중에 'Banner2'를 선택하여 상단에 리본 모양을 그립니다.

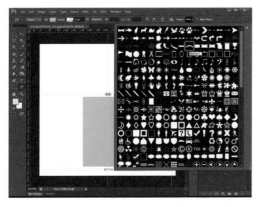
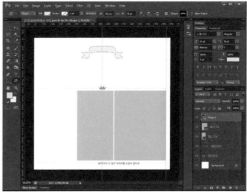

리본
색상 : #d4e5f5 / **모양** : Banner2

Tip 사용자 도형 툴 클릭 시, 사용자 모양이 위 화면보다 적게 보일 경우 다음과 같이 설정하면 됩니다.

❶ 톱니바퀴(설정)를 클릭하고 [All]을 클릭합니다.

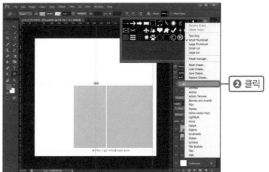

❷ 경고창에서 [Append] 단추를 클릭하여 기존 목록에 사용자 도형 모양을 추가합니다. 사용자 도형 모양이 추가된 것을 확인할 수 있습니다.

03 만든 리본 위치에 맞춰 아래의 문구를 입력합니다.

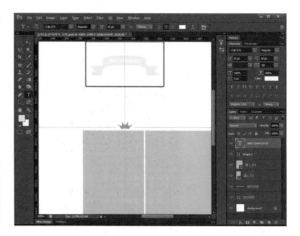

문구 : ONLY DANASHOP
글꼴 : 나눔고딕
크기 : 15pt
색상 : #ffffff

04 리본 아래쪽으로 상품명과 간단한 상품 정보를 입력합니다.

상품명
글램티셔츠
글꼴 : 나눔고딕 / 크기 : 69pt / 색상 : #474646

상품정보
[SIZE: ONE / FABRIC: 면 / COLOR: 인디핑크, 그레이, 블랙]
글꼴 : 나눔고딕 / 크기 : 21pt / 색상 : #474646

05 [File]-[Open] 메뉴로 '이미지1.JPG' 파일을 새 창으로 열어 줍니다.

06 [Layers] 패널에서 Background 레이어를 더블클릭하여 [New Layer] 대화상자가 나타나면 [OK] 단추를 클릭하여 레이어의 잠금을 풀어 줍니다.

07 이미지의 인물 부분만 잘라내기 위해 빠른 선택 툴(✐)을 이용하여 브러시로 색칠하듯이 배경 부위를 드래그하여 선택합니다.

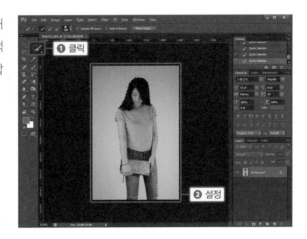

08 선택 영역을 배경 영역에서 인물로 바꾸기 위해 [Select]–[Inverse] 메뉴를 선택합니다.

새 레이어 단축키 : Shift + Ctrl + I

09 선택된 인물 부분 이미지를 복사한 뒤, '클릭(옵션)이미지_시작' 파일로 넘어와 붙여넣기합니다. [Ctrl]+[T] 키를 눌러 크기와 위치를 알맞게 배치합니다.

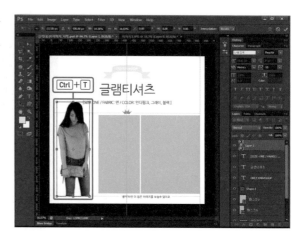

10 사진 색상을 보정하기 위해 [Ctrl]+[L] 키를 눌러 아래와 같이 Levels 값을 조정합니다.

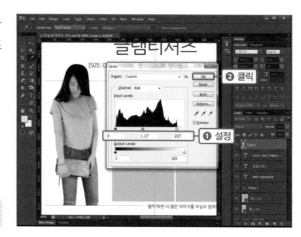

Input Levels : 0, 1.17, 227

11 [Ctrl]+[M] 키를 눌러 Curves 값을 조정합니다.

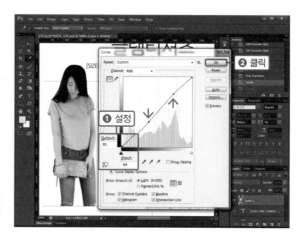

왼쪽 아래점 : 91, 94
오른쪽 위점 : 196, 191

12 이미지가 전체적으로 노란빛을 띠고 있으므로 보정하기 위해 [Ctrl]+[B] 키를 눌러 Color Balance 값을 조절합니다.

┌─────────────────────────────┐
Color Balance : 0, 0, +25
└─────────────────────────────┘

13 '이미지2'와 '이미지3' 파일도 같은 방법으로 색을 보정한 뒤, '클릭(옵션)이미지_시작.psd' 파일로 복사하여 가져옵니다.

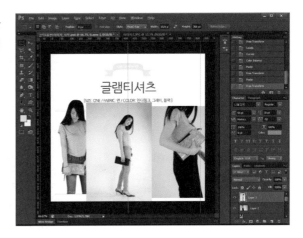

14 '이미지2'는 '마스크2' 레이어 위쪽으로 '이미지3'은 '마스크1' 레이어 위쪽으로 위치하도록 레이어를 각각 선택한 뒤 드래그하여 위치를 변경합니다.

15 이미지를 선택한 뒤, 각각 `Ctrl`+`Alt`+`G` 키를 눌러 클리핑 마스크를 적용합니다.

16 옵션 색상에 맞춰 티셔츠 색상을 변경합니다. 마술봉 툴(🪄)을 이용하여 이미지의 티셔츠 부분을 클릭하여 선택 영역으로 지정합니다.

17 `Ctrl`+`U` 키를 눌러 'Hue/Saturation' 기능을 이용하여 티셔츠의 색상을 [Hue/Saturation] 대화상자에서 그림과 같이 인디핑크로 변경합니다.

0 / 79 / +10

[Hue/Saturatuion] 대화상자 설정

선택 영역 또는 선택한 이미지에 대하여 색상, 채도, 명도를 조정할 수 있습니다.

Hue : 색상 변경 / Saturation : 채도 변경 / Lightness : 명도 보정

Colorize : 체크를 하면 Hue의 스펙트럼에 나타난 색이 표현되고 체크를 하지 않으면 설정한 3가지 값을 현재 색상과 혼합하여 나타냅니다.

18 두 번째 이미지도 같은 방법으로 검정색으로 티셔츠 색을 변경합니다.

19 오른쪽 하단 부분에 펜 툴( )을 이용하여 삼각형 모양을 그려 줍니다.

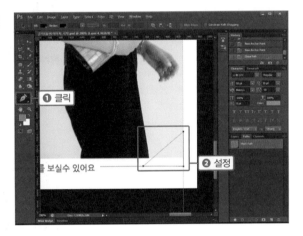

20 [Layers] 패널 하단에 레이어 추가
(■) 단추를 클릭하여 새 레이어를 추가합
니다.

① 클릭

21 전경색을 '#f2b7c3'로 변경한 뒤,
[Ctrl]+[Enter] 키로 앞에서 그린 패스를 선
택 영역으로 지정하고 [Alt]+[Delete] 키를
눌러 색상을 적용합니다.

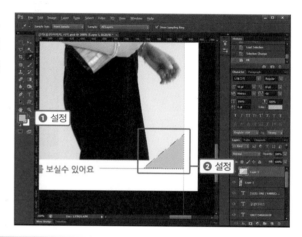

① 설정
를 보실수 있어요
② 설정

Tip 패스 선택 영역
펜 툴로 그린 패스가 화면에 나타날 때 [Ctrl]+[Enter] 키를 누르면 선택 영역으로 바로 전환할 수 있습니다.

22 아래 사항에 따라 문구를 입력합니다.

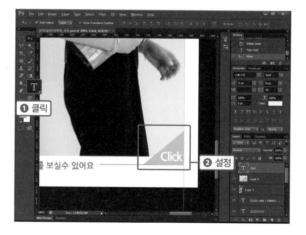

① 클릭
를 보실수 있어요
② 설정

문구 : Click
글꼴 : 나눔고딕
크기 : 21pt
스타일 : Bold
색상 : #ffffff

23 Ctrl + T 키를 눌러 트랜스폼 조절 박스를 이용하여 그림과 같이 글씨를 회전합니다.

24 완성된 이미지를 수정을 위한 PSD와 업로드에 사용할 JPG, 2가지 확장자로 저장합니다.

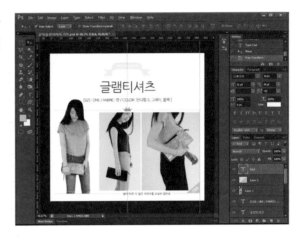

25 완성된 화면입니다.

SECTION 02 팝업용 상세페이지 이미지

팝업페이지에 사용할 이미지를 제작합니다. 다른 상세페이지와는 다르게 모델의 착용 컷을 8~20개 배치하여 고객으로 하여금 자신의 착용 모습을 떠올릴 수 있도록 해야 하므로 사진과 보정이 매우 중요합니다. 유명 잡지를 보는 느낌으로 깔끔하게 제작하는 것이 트렌드입니다.

따라하기

예제 파일 ▶ Part3/Chapter4/Section2/의류상세페이지_시작.psd
완성 파일 ▶ Part3/Chapter4/Section2/의류상세페이지_완성.psd

01 [File]-[Open] 메뉴로 '의류상세페이지_시작.psd' 파일을 열어 레이어 그룹을 확인합니다.

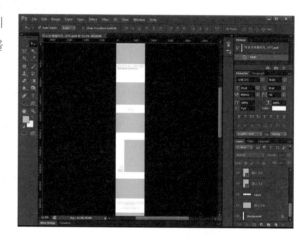

02 '마스크1' 레이어를 선택한 뒤, [File]-[Place] 메뉴를 클릭하여 '이미지1.jpg' 파일을 배치하고 Enter 키를 눌러 입력을 완료합니다.

03 [Layers] 패널에서 '이미지1' 레이어를 선택한 뒤, 마우스 오른쪽 단추를 클릭하고 [Rasterize Layer]를 클릭하여 이미지를 보정할 수 있도록 레이어화합니다.

04 Ctrl + L 키를 눌러 아래와 같이 Levels 값을 조절합니다.

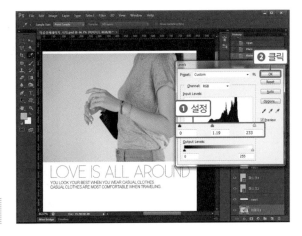

Input Lavels : 0, 1.19, 233

05 Ctrl + M 키를 눌러 아래와 같이 Curves 값을 조절합니다.

왼쪽 아래점 : 64, 72
오른쪽 위점 : 196, 191

06 [Image]-[Adjustments]-[Color Balance] 메뉴를 이용하여 아래와 같이 사진의 노란색상을 보정합니다.

Color Balance : -33, 0, +25

07 '이미지1' 레이어를 선택한 뒤 Ctrl + Alt + G 키를 눌러 '마스크1' 레이어로 클리핑 마스크를 적용합니다.

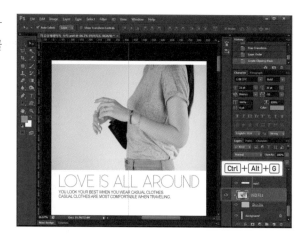

08 제품의 간단한 설명글을 만들어 줍니다. 사용자 정의 도형 툴(🔲)을 이용하여 왕관 모양을 그려 줍니다.

왕관 색상 : #9d9d9d
왕관 모양 : Crown 1

09 왕관 옆쪽으로 선 툴(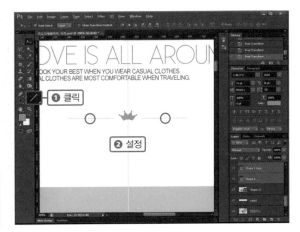)을 이용하여 그림과 같이 선을 그립니다.

선
색상 : #9d9d9d
두께 : 1px

10 문구를 아래와 같이 입력합니다.

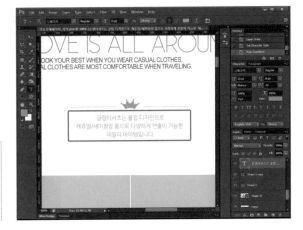

문구 : 글램티셔츠는 롤업 디자인으로 캐쥬얼/세미정장 품으로 다양하게 연출이 가능한 데일리 아이템입니다.
글꼴 : 나눔고딕
크기 : 21pt
색상 : #9d9d9d

11 글 아래쪽으로 선을 그립니다.

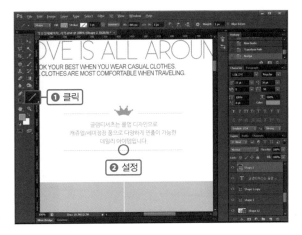

선
색상 : #9d9d9d
두께 : 1px

12 같은 방법으로 사진을 보정한 뒤 완성 이미지를 확인하면서 이미지 적용 란에 알맞은 이미지를 각각의 마스크 위쪽으로 배치시킨 후 클리핑 마스크를 적용합니다.

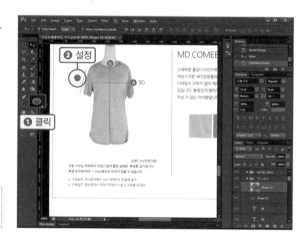

> **예제 파일** : Part3/Chapter4/Section2/이미지2.jpg~
> 이미지8.jpg

13 '치수표시' 레이어 그룹을 선택하여 레이어를 확인합니다. 상품 치수 표시 부분에 팔 길이를 추가하기 위해 선 툴( )을 이용하여 선을 그립니다.

> **선**
> **색상** : #ff0505
> **두께** : 1px

14 원형 툴( )을 이용하여 원을 그립니다.

> **원**
> **색상** : #ff0505

15 다음과 같이 문구를 입력한 뒤 원 위쪽으로 알맞게 배치합니다.

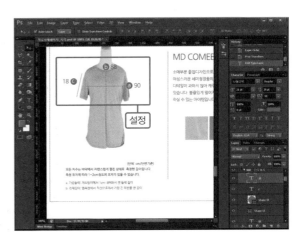

문구
글꼴 : 나눔고딕
크기 : 21pt
색상 : #ffffff

16 아래쪽 설명 부분도 수정하기 위해 문자 툴(T)을 텍스트 위쪽에서 클릭해 편집이 가능한 형태로 만들어, 추가 내용을 작성합니다.

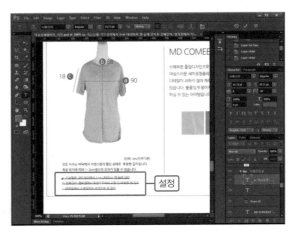

문구 : c. 어깨점에서 소매장까지 직선으로 잰 길이

17 '상세정보' 레이어 그룹을 확인하여 수정사항을 같은 방법으로 수정합니다.

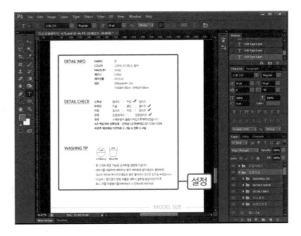

18 '모델정보레이어' 그룹에 각각의 마스크에 맞춰 이미지를 배치한 후 클리핑 마스크를 적용합니다.

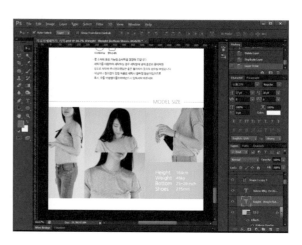

사용할 이미지는 Part3/Chapter4/Section2/이미지1.jpg~이미지8.jpg 중에 선택해서 디자인해 보세요.

19 아래 설정대로 문구를 입력합니다.

분류
글꼴 : 나눔고딕 / **크기** : 27pt / **색상** : #ffffff

상세정보
글꼴 : 나눔고딕 / **크기** : 21pt / **색상** : #ffffff

 Tip 텍스트는 모델치수.txt 파일의 내용을 예제로 사용하세요.

20 완성된 화면입니다.

**03 롤오버 코드와 html 작성을 활용한
팝업페이지 제작 방법**

많은 판매자가 궁금해하는 부분이 롤오버 코드 작성 방법과 팝업으로 내가 원하는 위
치에 원하는 크기로 새 창을 띄우는 방법입니다. 저장 시 유의할 점은 모바일에서도
잘 보이게 하려면 상세페이지를 분할하여 html 파일로 저장해야 한다는 것입니다. 그
래야 로딩 속도와 함께 품질이 좋게 보여집니다. 11번가에서는 주문 옵션을 등록할 때
이미지 html 코드를 엑셀 파일로 삽입하면 자동으로 롤오버 및 팝업으로 처리되니
부록의 가이드를 참고하세요.

📢 따라하기

예제 파일 ▶ Part3/Chapter4/Section3/의류상세페이지_완성.psd
완성 파일 ▶ Part3/Chapter4/Section3/sence-01.psd

STEP 1 이미지 슬라이스(분할)하여 html 파일과 이미지로 저장하기

01 [File]-[Open] 메뉴로 '의류상세페이
지_완성.psd' 파일을 열어 줍니다.

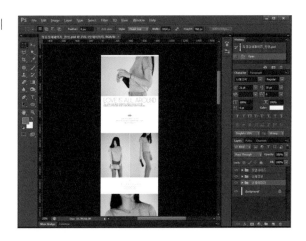

02 슬라이스 툴(🔪)을 선택합니다.

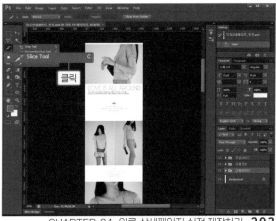

03 툴 옵션 바의 Slices From Guides (Slices From Guides)를 클릭하여 화면에 있는 가이드선에 따라 이미지를 분할합니다.

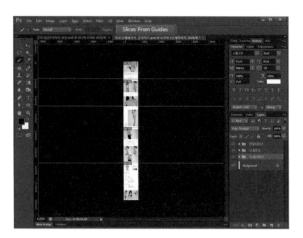

04 분할된 이미지와 팝업으로 사용할 html 파일로 이미지를 저장하기 위해 [File]-[Save for web…] 메뉴를 클릭합니다. 웹용 최적화로 저장하는 [Save for Web] 대화상자에서 하단의 화면 배율을 12.5%로 조정하면 전체 이미지를 한눈으로 볼 수 있습니다.

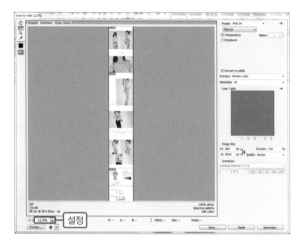

05 마우스로 이미지 01 영역부터 마지막 04 영역까지 드래그하여 선택하고 오른쪽 Preset을 'Jpeg', 'High'로 설정하고 Quality는 '70'으로 조정합니다.

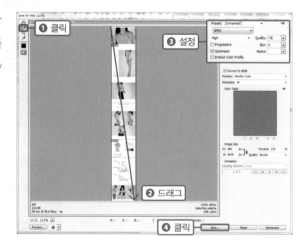

06 [Save] 단추를 클릭해 아래와 같이
설정합니다.

> **파일 이름** : sence-01(제품명을 쓰세요. 영문으로 기입
> 하는 것이 좋습니다.)
> **Format** : Html and Images(html 파일과 이미지 파
> 일을 함께 저장합니다.)
> **Slices** : All Slices(전체 분할된 이미지를 저장합니다.)

07 'sence-01.html' 파일과 'images' 폴
더 내에 'sence-01.html' 파일에 포함된 이
미지들이 포토샵으로 분할한 크기로 저장
되어 있는 것을 확인할 수 있습니다.

STEP 2 롤오버 이미지 제작하기

08 [File]-[Open] 메뉴로 [image] 폴더
에서 'sence-01.jpg'를 불러옵니다. 사각형
툴(■)로 이미지 전체를 덮는 검은 사각형
을 그립니다.

> **색상** : #000000

09 사각형의 Opacity를 '30%'로 반투명
하게 만듭니다.

설정

10 사용자 모양 툴()을 선택합니다. 'Shape' 리스트에서 돋보기를 선택하여 화면에 그려 줍니다.

① 클릭

③ 설정

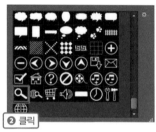

② 클릭

색상 : #ffffff
Opacity : 50%

Tip

돋보기가 안 보이세요?

[Shape] 대화상자에서 팝업 메뉴(톱니바퀴)를 클릭하여 'All'을 선택하세요. 경고창이 뜨면 [Append]를
클릭해 추가하면 됩니다.

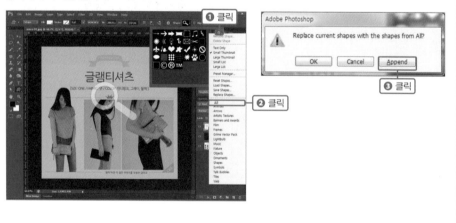

① 클릭

② 클릭

③ 클릭

11 하단에 문구를 입력합니다.

12 [File]–[Save for Web…] 메뉴를 클릭해 아래와 같이 설정하고 먼저 저장합니다.

Jpeg / Quality : 70
파일 이름 : sence-01o
Format : images olny

13 완성된 파일을 확인합니다.

 Tip

images 폴더 : 팝업페이지에 사용되는 이미지 폴더
sence-01.html : 팝업페이지(html문서)
sence-01.jpg : 마우스 포인터를 올리기 전 이미지
sence-01o.jpg : 마우스 포인터를 올린 후 이미지(모바일에서는 손으로 탭했을 때 보이는 이미지)

STEP 3 롤오버 소스코드 제작하기

14 예제 폴더의 '롤오버소스코드.txt'를
열어 줍니다. 포토샵에서 열지 말고 탐색
기 혹은 메모장에서 실행하세요.

15 한글로 되어 있는 부분을 수정합니다(오타나 ' , " 가 하나라도 빠지면 이미지가 보이지 않으니
주의하세요.)

```
〈!—새창띄우기소스—〉
〈a onclick="window.open('새창띄울주소', 'newin', 'left=0,top=0, width=880, height=1000, scroll-bars=yes'); return false;" href="#"〉
〈!—롤오버소스—〉
〈img onMouseOver="this.src='마우스올린이미지주소';" onMouseOut="this.src='마우스올리기전 이미지주소';"src="마우스올리기전 이미지주소" border="0"/〉
〈/a〉
```

수정 후

```
〈!—새창띄우기소스—〉
〈a onclick="window.open('sence—01.html', 'newin', 'left=0, top=0, width=880, height=1000, scroll-bars=yes'); return false;" href="#"〉
〈!—롤오버소스—〉
〈img onMouseOver="this.src='sence—01o.jpg'; "onMouseOut="this.src='sence—01.jpg'; "src="sence—01.jpg" border="0"/〉
〈/a〉
```

Tip

〈a onclick="window.open('새창띄울주소', 'newin','left=0,top=0, width=880, height=1000, scrollbars=yes'); return false;" href="#"〉

- 〈a〉〈/a〉 : a 태그는 하이퍼링크로 이동을 하는 태그입니다. '〈a〉안녕〈/a〉하세요' 처럼 사용하면 "안녕" 글씨를 클릭하면 링크 이동이 가능하지만 "하세요" 글씨에는 아무 기능이 없습니다. 〈a〉는 하이퍼링크 시작 〈/a〉는 하이퍼링크 영역의 끝입니다.
- Onclick : a 태그 사이에 있는 대상(이미지 혹은 글씨)을 눌렀을 때 발생할 이벤트 속성명입니다.
- Left : 새창이 뜨는 왼쪽 좌표입니다. 위 예제에서는 0이므로 화면의 제일 왼쪽에 배치됩니다.
- Top : 새창이 뜨는 위쪽 좌표입니다. 위 예제에서는 0이므로 화면의 제일 위쪽에 배치됩니다.
- Width : 새창의 너비입니다. 예제에서 만든 이미지의 사이즈가 860이므로 그 이상으로 합니다.
- Height : 새창의 높이입니다. 화면이 꽉 차는 팝업을 위하여 1000을 사용했습니다.
- Scrollbars : yes/no/auto 중에 설정할 수 있습니다. yes는 스크롤바를 무조건 표시, no는 스크롤바를 무조건 표시하지 않음, auto는 새창 내의 내용에 따라 생겼다가 없어졌다 자동으로 조정됩니다.

〈img〉 태그 : 이미지를 표현해 주는 태그
onMouseOver="this.src='**마우스올린이미지주소**' : 이미지에 마우스 포인터를 올렸을 때 발생하는 이벤트 속성입니다.
"onMouseOut="this.src='sence−01.jpg'; : 이미지에 마우스 포인터를 올렸다가 내렸을 때 발생하는 이벤트이므로 보통 처음 사용한 이미지를 삽입합니다.
src="**마우스올리기전 이미지주소**" : 이미지를 불러오는 속성으로 웹페이지가 처음 불러오는 이미지입니다. 그러므로 마우스 포인터를 올리기전 이미지가 됩니다.

Tip

주의사항

이미지 주소나 링크 주소에서는 경로가 가장 중요합니다. 15번까지 잘 따라오셨다면 13번까지 제작한 파일이 있는 위치, 즉 예제 폴더에 있는 'popup_test.html' 파일을 복사해서 붙여넣으세요. 여기까지 잘 따라오지 못하였다면 연습 폴더에 있는 'popup_test.html' 파일을 그대로 사용하세요.
여러분 화면에는 아래와 같은 파일이 포함되어 있어야 합니다. 그렇지 않으면 파일이 제대로 보이지 않습니다. 다른 파일이 섞여 있어도 되지만 상품 등록에 사용할 이미지만 따로 모으는 것이 좋습니다.

images	2015-10-02 오전...	파일 폴더	
popup_test	2015-10-02 오전...	HTML 문서	1KB
sence-01	2015-10-02 오전...	HTML 문서	1KB
sence-01	2015-10-02 오전...	네이버 포토뷰어 J...	327KB
sence-01o	2015-10-02 오전...	네이버 포토뷰어 J...	96KB

그러므로 제작이 끝난 다음 Part 4에 있는 이미지 호스팅 방법을 숙지하여 이미지 경로와 새 창 경로를 이미지 호스팅에 옮겨 놓은 주소로 사용해 주어야 합니다. 꼭 기억하세요!

16 탐색기를 실행하고 예제 폴더의 'popup_test.html'에서 마우스 오른쪽 단추를 클릭합니다. [연결 프로그램]–[메모장] 메뉴를 클릭합니다.

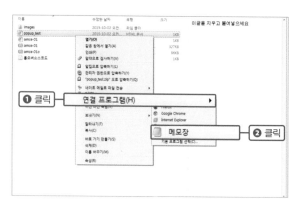

17 메모장이 열리면 "이글을 지우고 붙여넣으세요"를 삭제하고 15번에서 수정한 내용을 삽입합니다.

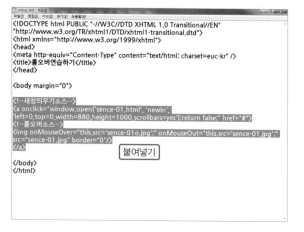

18 [파일]–[저장] 메뉴를 클릭합니다. 창을 닫고 탐색기에서 수정한 'pupup_test.html' 파일을 더블클릭해서 실행합니다. 그림과 같은 경고창이 뜨면 [차단한 컨텐츠 허용] 단추를 클릭합니다.

19 마우스 포인터를 올리면 이미지가 변하고 클릭하면 새 창을 뜨는 것을 확인합니다.

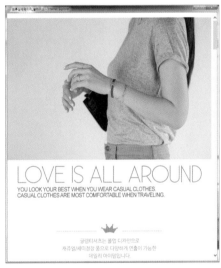

오픈마켓
상세페이지로
노출 점수 높이기

G마켓(G), 옥션(A), 11번가에서 상품을 검색했을 때 노출되는 순서는 '검색 상품명+카테고리 연관도+판매지수+부가서비스+고객만족도'로 결정됩니다. G마켓과 옥션(G/A)에서는 품질지수도 포함되며 옥션에서는 희망검색어도 포함됩니다. 알면 쉽고 모르면 어려운 상품품질지수! 만점 가이드를 통해 상품 노출을 높이는 방법을 알아봅시다.

G마켓/옥션 템플릿과
품질지수 만점 받기

G/A는 품질지수를 제외한 나머지 부분이 판매량과 관계되므로 조정하기 어렵지만, 품질지수는 가이드만 충족해도 배점을 받을 수 있으므로 비교적 쉽게 점수를 획득할 수 있습니다. 11번가의 상품페이지는 점수로 노출이 좌우되지 않지만, 판매에 적용할 수 있는 기능(모바일/PC 자동 팝업 기능 등)을 사용할 수 있도록 제작가이드를 제공하고 있습니다. 옵션이 많은 의류/패션 쇼핑몰을 운영할 계획이라면 매출에 도움이 될 내용입니다.

SECTION 01 품질지수 평가가이드

G마켓/옥션에서는 무료로 템플릿을 제공하여 상세페이지를 보다 쉽고 깔끔하게 제작할 수 있게 돕습니다. 템플릿 사용 방법을 알아보겠습니다.

품질 지수

G마켓, 옥션은 PC 환경과 모바일 환경의 변화하는 트렌드에 대처하기 위해 가이드를 만들었습니다. 이 가이드를 준수하는 정도를 품질지수로 측정합니다. 품질지수가 점수화되어 상품의 상세페이지의 노출 순서에 영향을 주기 때문에 높은 품질지수를 획득하는 것이 유리합니다. 다음 표를 참고하여 품질지수 점수의 만점을 계산할 수 있습니다.

평가 항목	세부항목	품질지수				입력제한
		추천값		최소~최대값		
상품 정보	상품명	가이드 준수	적합	가이드 미준수	부적합	최대 입력 길이 50byte (한글 25자, 영숫자 50자) 기호 일부 제한, 금칙어 제한
	상품명 내 Spam 키워드	제조사명 브랜드명 2개 이하	0점	제조사명 브랜드명 3개 이상	−25점	–

대분류	항목		기준	점수	기준	점수	비고
	상품 이미지		가이드 준수	적합	가이드 미준수	부적합	–
	이미지 사이즈		600px 이상	25점	400~599px	0~24점	400px 이상
	추가 이미지		추가 이미지 2개	25점	추가 이미지 1개	12.5점	
	개수		등록		등록		
주문 옵션	주문 옵션		가이드 준수	적합	가이드 미준수	부적합	
	주문 옵션 사용		미설정	300점	설정	0점	–
	추가 구성 사용		미설정	40점	설정	0점	추가 항목명 : 최대 5개 추가 구성명 : 추가항목명별로 최대 50개 총 50개 추가금액 : 판매가 대비 50%까지
	총 옵션 개수		선택형 : 20개 이하 조합형 : 200개 이하	100점	선택형 : 21~40개 이상 조합형 : 201~400개 이상	99~0점	선택형 : 옵션명별로 50개씩, 총 50개 조합형 : 한 옵션값에 50개씩 조합 총 500개
	추가 금액 최대값		0%	100점	-50~1%, 1~50% 이상	0~99점	1만원 이상 : -50~50%
	최대값				1~50% 이상		50~50% 2천원 이상~1만원 미만 : -50~100% 2천원 미만 : 0~100%
	상세이미지 옵션 매칭률		100% 설정	100점	0~99%	0~99점	
	추천 옵션 사용		사용	30점	미사용	0점	
상품 상세 설명	상품 상세 설명		가이드 준수	적합	가이드 미준수	부적합	
	신규 상품 상세 설명 사용		사용	70점	미사용	0점	신규 등록 시 신규 상품 상세 설명만 등록 가능
	Iframe 사용		미사용	0점	사용	-25점	eBay 이미지 호스팅 주소를 사용하는 iframe만 입력 가능

상품 상세 설명 용량	상품 정보	20MB 이하	25점	21MB~ 60MB	24~0점	
	추가 구성	5MB 이하	25점	6MB~ 10MB	24~0점	
	광고/홍보	5MB 이하	25점	6MB~ 10MB	24~0점	
상품상세 개별 이미지 용량	상품정보	500KB 이하	25점	501~ 1,000KB	24~0점	
	추가구성	500KB 이하	25점	501~ 1,000KB	24~0점	
	광고/홍보	500KB 이하	25점	501~ 1,000KB	24~0점	
상품 상세 이미지 총 길이	상품정보	90,000px	25점	900,001~ 160,000px	24~0점	
	추가구성	5,000px	25점	5,001~ 10,000px	24~0점	
	광고/홍보	5,000px	25점	5,001~ 10,000px	24~0점	
eBay 이미지 호스팅 사용률	상품정보	100% 설정	25점	0~99%	0~24점	
Flash 사용	(구)상품정보	미사용	0점	사용	−25점	
	상품정보	미사용	0점	사용	−25점	
	추가구성	미사용	0점	사용	−25점	
	광고/홍보	미사용	0점	사용	−25점	

❶ New 상세 페이지 + 상품 이미지

   신규 상품 상세 사용 : +70점 / 구 상품 상세 사용 : 0점

   상품 이미지 600px 이상 : +25점 / 401~599px : 1~24점 / 400px : 0점

   추가 이미지 2개 등록 시 : +25점 / 1개 등록 시 : 12.5점

❷ 상세페이지 세로 사이즈

   상품 상세 설명 예상 총 세로 90,000px 이하 : +25점

   추가 구성 상품 5,000px 이하 : 사용 안함 +25점, 광고/홍보 영역 5,000px 이하 : 사용 안 함 +25점

❸ 상세페이지 용량

   상품 정보 용량 0~20MB : +25점

   추가 구성 상품 5MB 이하 : 사용 안 함 +25점, 광고/홍보 영역 5MB 이하 : 사용 안 함 +25점

   개별 이미지 용량 0~500KB : +25점, +25점, +25점

   ebay 호스팅 사용률 100% : +25점

   Iframe 미사용 시 : 0점 / 구 상품상세에서 사용 시 −25점

   320점 + 50점(상품 이미지 점수) = 370점

상품 상세페이지와 상품 이미지의 만점은 370점으로 주문 옵션과 옵션 이미지 매칭 등의 기능을 활용하면 약 800점 가량의 점수를 획득할 수 있습니다.

이 점수는 신규 판매자일수록 유리하게 받을 수 있는 점수이므로 최대한 앞 페이지 표의 점수배점표를 기억하여 상품페이지 제작을 하면 상품 노출에 도움을 줄 수 있습니다.

▶ 본 점수 배점은 각 운영사 정책에 따라 변경될 수 있으니 판매자 상품페이지 제작 가이드를 꼭 확인하세요.

SECTION **02 영역별 템플릿 확인하기**

G마켓과 옥션이 제공하고 있는 무료 상품페이지 템플릿의 영역별 특징과 내용을 확인해 보겠습니다.

ESM PLUS 메인 화면의 상품 상세 설명 가이드의 매뉴얼을 참고하고, 템플릿을 다운로드합니다.

신규 상품 상세 설명 영역

신규 상품 상세 설명은 '상품정보 영역', '추가구성정보 영역', '광고/홍보영역'의 3단 구성입니다.

아래 표와 같이 입력 제한된 영역들을 참고합니다.

	상품정보	추가구성정보	광고/홍보
iframe	입력 불가	입력 불가	입력 불가
	eBay 이미지 호스팅 주소 / YouTube 동영상 주소를 가진 iframe인 경우 사용이 가능합니다.		
다른상품 링크	입력 불가	입력 불가	G마켓, 옥션 상품 링크만 가능
팝업링크	입력 가능	입력 불가	G마켓, 옥션 상품 링크만 가능
Flash 와 Script, object 태그는 보안에 취약하여 사용하실 수 없습니다.			

기본사항 영역

상세페이지 제작을 위한 기본 사항들을 점검합니다. 가능한 권장 사항을 준수하고, 높은 품질지수를 획득할 수 있도록 페이지를 구성합니다.

[템플릿 PSD 파일 전체 다운받기]를 클릭하여 가이드를 다운받으면 G마켓/옥션 상세페이지 가이드를 사용할 수 있습니다.

템플릿 가이드 영역

템플릿 PSD 파일을 다운 받은 후에 템플릿 가이드에서 제시하는 기준에 따라 제작을 합니다.

상품별, 판매 방식별 템플릿 사용 유형을 참고합니다. 이 부분은 권장사항으로 꼭 지켜야 할 필수사항은 아닙니다. 필요한 영역만 이용하세요.

개별 공지 영역

개별 공지를 통하여 고객에게 전달하고자 하는 메시지를 노출하는 영역입니다.

상품과 관련하여 개별적으로 노출해야 할 공지가 있는 경우에만 선택적으로 사용하는 영역입니다. 전체 상품에 대한 공지는 ESM+ 〉 구매고객 관리 〉 고객응대 〉 '판매상품 일괄공지' 기능을 이용해 주세요.

인트로 영역

본격적으로 상품에 대한 세부적인 설명을 하기에 앞서 요약되고 함축된 내용을 미리 보여 주는 영역입니다. 필요에 따라 선택적으로 사용합니다. 판매하고자하는 상품군에 어울리는 형식으로 제작합니다.

선택 리스트 영역

주문 옵션을 사용하는 경우 옵션의 요약 정보를 보여 주는 영역입니다. 주문 옵션을 사용하는 경우에는 필수로 사용해야 합니다. 템플릿 유형은 아래와 같이 기본형, 그룹형, 표형 3가지로 나눠집니다. 판매 상품군 및 옵션 현황에 따라 적합한 유형을 선택하여 제작합니다.

특장점 영역

브랜드의 특성이나 해당 상품만의 고유한 특장점을 소개하는 영역입니다. 필요에 따라 선택적으로 사용합니다. 특장점은 상품 선택에 꼭 필요하거나 유익한 정보로만 간단하게 작성하도록 합니다. 특장점을 지나치게 길게 작성 시 구매자들에게 오히려 혼란을 줄 수 있습니다.

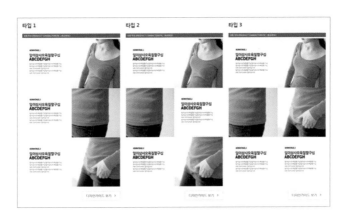

상품 설명 영역

상품에 대해 상세한 내용을 소개하는 영역으로 필수사항입니다. 단, 주문옵션을 사용하고 옵션 개수가 5개 이하인 경우 선택리스트 그룹형으로 대체하여도 됩니다. 고객의 구매를 원활하게 하기 위해 효과적인 상품 설명 영역을 제작합니다.

구매 안내 영역

상품에 대한 직접적인 정보는 아니지만 구매에 도움되는 부가내용을 안내하는 영역으로 필수사항입니다. 상품 정보 이외에 구매자들이 구매 시 꼭 알아야 할 정보를 전달해야 고객의 문의나 항의를 줄일 수 있습니다.

추가 구성 정보 영역

추가 구성으로 판매하는 상품을 설명하는 영역입니다. 추가 구성을 등록한 경우 필수사항입니다. 추가 구성으로 등록한 상품 외에 다른 내용은 포함하지 않도록 합니다.

광고 홍보 영역

별도로 판매하는 다른 상품의 소개가 가능한 판매자의 홍보를 위한 영역입니다. 필요에 따라 선택적으로 사용합니다. 광고 홍보 영역에는 메인 상품에 대한 내용이나 추가구성 상품에 대한 내용을 입력하지 않도록 합니다.

CHAPTER
02

오픈마켓에서 놓치면 안 되는 영역 제작

지금까지 오픈마켓 상세페이지를 알아봤지만, 이게 끝이 아닙니다. 우리 샵에 찾아와서 보여지는 노출 영역을 완벽하게 구성해야 합니다. 함께 사면 좋은 제품을 소개한다든지, 다른 페이지에서 판매하고 있는 상품으로 고객을 유도하는 방법이 있습니다. 고객에게 전문 판매자의 느낌을 주거나 이벤트를 홍보하여 쇼핑몰을 활성화할 수도 있습니다.

SECTION 01 판매자의 다른 상품 팝업링크 제작하기

기본적으로 우리가 사용하는 인터넷 브라우저는 이미지를 저장하는 기능이 없기 때문에 이미지를 불러와서 화면에 보여주는 형식입니다. 이렇게 이미지나 동영상 등을 불러오는 G마켓과 옥션의 호스팅 방법에 대해 알아봅시다.

오픈마켓에서 상품을 판매하는 판매자들은 개인 쇼핑몰이라는 별도의 인터넷 저장 공간이 없기 때문에 G마켓과 옥션에서는 이베이 무료 이미지 호스팅이라는 서비스를 판매자에게 제공하고 있습니다. 개인 판매 회원은 500Mb, 사업자 판매 회원에게는 500GB를 제공합니다. 이외에도 유료 서비스를 개인적으로 이용할 수 있지만, G마켓과 옥션에서는 외부 호스팅을 사용하면 품질지수 가산점을 받을 수 없습니다.

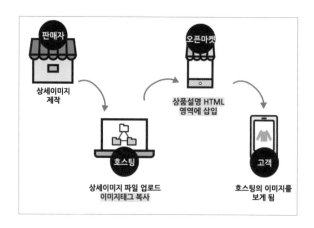

01 이미지호스팅에 접속하여 [업로드]-
[파일업로드] 메뉴를 선택합니다.

02 업로드할 이미지를 선택하고 [열기]
단추를 클릭합니다.

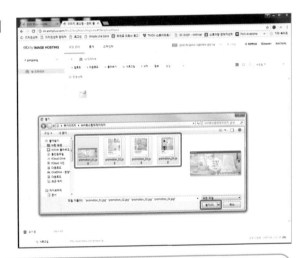

> **Tip** 예제로 사용할 이미지가 없는 경우, promotion_01, promotion_02, promotion_03, promotion_04 이미지
> 를 사용하면 됩니다.

03 선택한 이미지가 [업로드] 대화상자의 목록에 올라온 것을 확인할 수 있습니다. [전송시작] 단추를 클릭하고, 전송이 완료되면 [닫기] 단추를 클릭해 대화상자를 닫습니다.

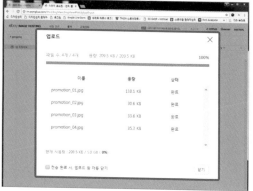

04 업로드 된 이미지 왼쪽의 체크박스를 클릭해 각각 선택하고, 이미지 위에서 마우스 오른쪽 단추를 클릭합니다.

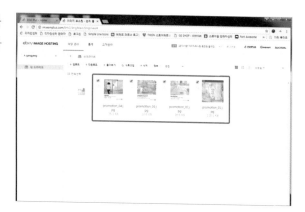

05 팝업 메뉴 중 [html태그 복사] 단추를 클릭합니다.

06 [HTML 태그복사] 대화상자에 선택한 이미지의 HTML 태그가 나타납니다. [HTML 태그복사] 단추를 클릭합니다.

07 메모장을 실행하고 붙여넣기한 뒤, 다음과 같이 소스 코드를 수정합니다.

수정된 소스 코드

⟨a href="내 미니샵주소" target="_blank"⟩

⟨img src="http://ai.esmplus.com/gangyang/promotion_01.jpg" border="0" /⟩⟨/a⟩⟨br⟩

⟨a href="연결할상품페이지주소" target="_blank"⟩

⟨img src="http://ai.esmplus.com/gangyang/promotion_02.jpg" /⟩⟨/a⟩

⟨a href="연결할상품페이지주소" target="_blank"⟩

⟨img src="http://ai.esmplus.com/gangyang/promotion_03.jpg" /⟩⟨/a⟩

⟨a href="연결할상품페이지주소" target="_blank"⟩

⟨img src="http://ai.esmplus.com/gangyang/promotion_04.jpg" /⟩⟨/a⟩

08 [ESMPLUS]에 접속합니다. [상품 등록변경/상품관리] 메뉴에서 이미지에 연결할 상품을 검색합니다. 상품번호 옆 화살표를 이용하여 상품페이지로 이동합니다.

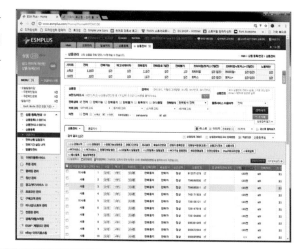

Tip 같은 방법으로 미니샵 주소, 나머지 연결할 상품페이지 주소에 각각의 url을 삽입합니다.

09 주소창의 주소를 복사합니다.

10 html 코드가 입력된 메모장을 다시 실행하고 복사한 상품 주소를 '연결할 상세페이지 주소' 부분에 붙여넣기합니다.

Tip 같은 방법으로 미니샵 주소, 나머지 연결할 상품페이지 주소에 각각의 url을 삽입합니다.

11 html 코드를 삽입할 상품 수정 또는 등록창을 켜고 상세설명의 광고/홍보입력 영역(11번가는 상세정보영역)에 붙여넣기합니다.

12 상품페이지 가장 아랫부분을 확인하면 상품의 링크가 이동되는 것을 확인할 수 있습니다.

02 미니샵 메인 이미지 제작하기
(움직이는 대문이미지 제작)

미니샵 메인에 사용할 움직이는 대문 이미지를 제작해봅시다. GIF 확장자 파일을 이
용하는데, 움직이는 이미지를 표현하는 확장자입니다. 사용하는 메뉴는 버전마다 차
이가 있는데, [Window]-[Animation] 또는 [Timeline]입니다.

미니샵 메인의 타임라인 메뉴를 간단히 살펴보면 다음과 같습니다.

❶ 장면 이미지의 지연 시간 표시

❷ 움직임을 한 번만 표현할지, 무한대로 표현할지 선택

❸ 서서히 변하게 만들기 / 프레임 추가하기 / 지우기

 따라하기

예제 파일 ▶ Part4/Chapter2/Section2/예제시작파일.psd
완성 파일 ▶ Part4/Chapter2/Section2/완성_움직이는배너.psd

01 [File]-[Open] 메뉴를 클릭하여 '예제
시작파일.psd' 파일을 불러옵니다. [Win-
dow]-[Animation] 또는 [Timeline] 메뉴를
실행하여 [Layers] 패널을 열어 줍니다.

Tip

[Layers] 패널에서 레이어 앞쪽의 눈
모양을 클릭하여 눈 모양의 아이콘을
끄면 해당 레이어는 보이지 않게 됩
니다. 이벤트 그룹 레이어의 앞쪽 눈
모양이 꺼진 상태이기 때문에 아래쪽
의 '휴지케이스' 그룹에 해당하는 레
이어만 화면에 나타나는 것을 확인할
수 있습니다.

02 [Layers] 패널에서 '이벤트' 그룹 레이어의 눈을 켜 주고 [Timeline] 패널 하단의 [프레임 추가하기] 아이콘을 클릭하여 새 프레임을 만들어 줍니다. 새 프레임에 '이벤트' 그룹 레이어의 내용이 위치하게 됩니다.

03 1번 프레임에 마우스 오른쪽 단추를 클릭해 프레임 하단의 이미지의 지연시간을 표시하도록 합니다. 지연시간이 나타나면 '0.1sec'를 선택합니다.

04 같은 방법으로 2번 프레임도 지연시간을 '0.1sec'로 지정합니다.

05 '휴지케이스' 이미지에서 이벤트 이미지로 서서히 변하는 효과를 주기 위해 [Timeline] 패널에서 1번 프레임을 선택한 뒤, 하단의 [서서히 변하게 만들기] 아이콘을 클릭합니다. 대화상자가 나타나면 Frames to Add를 '10'으로 설정한 후, [OK] 단추를 클릭합니다.

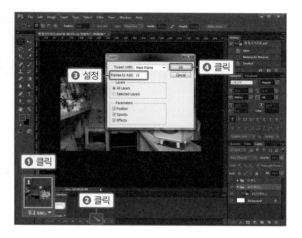

06 그림과 같이 1번 프레임과 2번 프레임 사이에 자동으로 10개의 프레임이 추가되면서 두 이미지가 서서히 겹쳐지는 형태를 확인할 수 있습니다.

07 12번 프레임을 선택한 뒤, [Timeline] 패널 하단의 [새 프레임 추가하기] 아이콘을 클릭하여 프레임을 추가합니다. '이벤트' 그룹 레이어 앞쪽의 눈 아이콘을 끄고 '휴지케이스' 그룹 레이어의 눈 아이콘을 켜줍니다. 새로 생긴 13번 프레임으로 '휴지케이스' 이미지를 이동합니다.

08 12번 프레임을 선택한 뒤, [Timeline] 패널 하단의 [서서히 변하게 만들기] 아이콘을 클릭합니다. 대화상자가 나타나면 Frames to Add를 '10'으로 설정한 후, [OK] 단추를 클릭합니다.

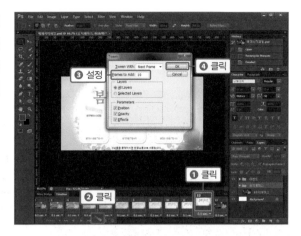

09 그림과 같이 12번 프레임과 13번 프레임 사이에 자동으로 10개의 프레임이 추가되면서 두 이미지가 서서히 겹쳐지는 형태를 확인할 수 있습니다.

10 프레임 바 하단의 재생 방법을 'Forever'로 변경하여 반복해서 이미지가 변하도록 설정하고 1번 프레임을 선택한 뒤 재생 단추를 클릭하여 움직이는 이미지를 확인합니다.

11 추후 수정을 위한 PSD와 사용할 움직이는 이미지인 GIF, 두 개의 확장자로 파일을 저장합니다. GIF 파일로 저장할 때는 [File]–[Save for Web] 메뉴를 이용합니다. [Save for Web] 대화상자가 나타나면 오른쪽 상단의 파일 형식을 'GIF'로 선택한 뒤, [Save] 단추를 클릭하여 적용합니다.

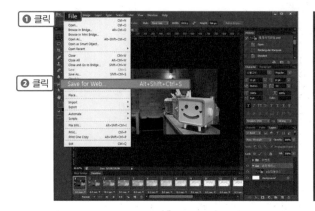

CHAPTER

03

실전을 통해 알아보는
오픈마켓의 상품등록

포토샵으로 심미성이 뛰어난 이미지를 제작하는 것도 중요하지만, 노출되어
야 효과가 있습니다. 마켓별 최적화된 상세페이지를 제작해야 합니다. 마켓
별 에디터의 특징과 사용 방법, 이미지 등록 방법에 대해서 알아보겠습니다. 마켓
마다 판매자 계정이 있어야 따라할 수 있습니다.

G마켓, 옥션, 11번가, 스마트스토어는 사이트별로 상세페이지 제작에 특화된 에디터를
제공하고 있습니다. 에디터를 이용하면 포토샵으로 디자인한 텍스트 부분의 이미지를
이미지가 아닌 텍스트로 제공이 가능합니다. 웹페이지 검색 시 좀 더 유리한 방식입니
다. 모바일, 태블릿, PC 등 다양한 디바이스에 최적화된 상세페이지 제작에도 유리합니다.

SECTION 01 변경된 G/A 에디터 알아보기

G마켓, 옥션 판매자들의 손쉬운 상품 등록을 위해 ESM PLUS에서 '상품등록 2.0' 서
비스를 제공합니다. 판매자들의 큰 고민인 상품 설명을 손쉽게 등록할 수 있게 되었
습니다.

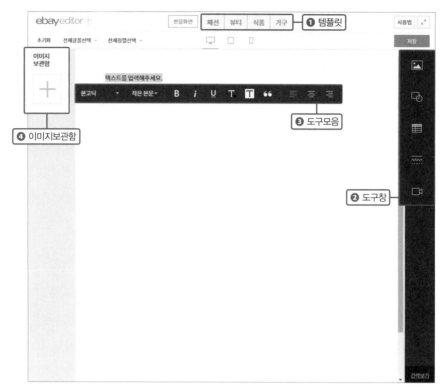

▲ ebayeditor 편집창

템플릿

패션, 뷰티, 식품, 가구, 가전 등 쇼핑몰 성격에 맞는 카테고리별 템플릿이 제공됩니다.
[편집 화면] 단추를 클릭하면 빈 화면이 나와 상품을 등록하거나 편집할 수 있습니다.

▲ 편집화면

▲ 패션 템플릿

▲ 뷰티 템플릿

▲ 식품 템플릿

▲ 가구 템플릿

▲ 가전 템플릿

도구창

화면 오른쪽에 위치한 도구창에서 이미지, 도형, 표, 구분선, 동영상 기능을 사용할 수 있습니다.

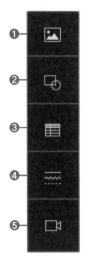

❶ 이미지(🖼)

'ebayeditor'에서 바로 이미지 파일을 업로드하고 다양한 파일을 불러올 수 있습니다. PC 뿐 아니라 [ebay 이미지호스팅] 팝업창으로 불러올 수 있습니다.

❷ 도형(▣)

밋밋한 상품 설명에 다양한 도형을 추가하여 디자인할 수 있습니다.

 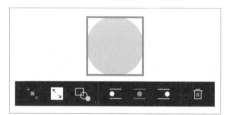

❸ 표(▦)

표를 활용하여 상품의 스펙, 사이즈, 규격, 성분 컨텐츠를 만들수 있습니다. 행/열 추가 및 삭제와 같은 기본 기능부터 칸을 넓히고, 좁히는 등의 편집도 할 수 있습니다.

④ 구분선(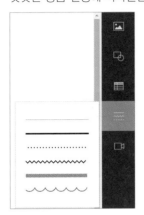)

밋밋한 상품 설명에 디자인된 구분선을 활용하여 해당 부분을 강조하는 효과를 줄 수 있습니다.

⑤ 동영상(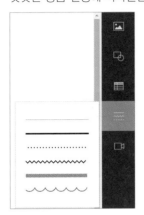)

동영상을 활용하여 상품의 사용법이나 재질, 사용 TIP을 알차게 설명할 수 있습니다.

Tip **동영상을 손쉽게 넣는 방법!**

❶ 웹페이지에 동영상을 삽입하려면 먼저 Youtube에 동영상을 업로드한 후, 동영상 URL을 입력하면 됩니다.

❷ 우측 하단 간략보기 메뉴를 클릭하면 전체를 한눈에 가늠해 볼 수 있습니다. 클릭을 하거나 드래그하면 해당 위치로 바로바로 이동할 수 있어 편리합니다.

도구모음

상품을 설명하는 글자를 입력하고 드래그하면 '메뉴'를 볼 수 있습니다. 제목, 본문, 인용구, 정렬 등 다양한 스타일을 적용하여 꾸밀 수 있습니다.

❶ 폰트

상품에 어울리는 폰트를 선택할 수 있습니다. PC, 모바일까지 다양한 디바이스에서 선명한 폰트가 제공됩니다.

❷ 스타일(제목, 본문)

원하는 부분을 드래그하여 '제목'과 '본문'으로 쉽게 편집할 수 있습니다.

❸ 텍스트 스타일

원하는 부분을 드래그하여 진하게, 기울임, 밑줄 중 선택하여 스타일을 적용할 수 있습니다.

④ 텍스트 색상

원하는 부분을 드래그하여 텍스트의 색상과 바탕색을 선택할 수 있습니다.

⑤ 인용구

감성을 전달하고 싶은 부분엔 인용구 스타일을 적용할 수 있습니다.

⑥ 정렬

텍스트를 왼쪽, 가운데, 오른쪽으로 정렬할 수 있습니다.

미리보기

PC, 태블릿, 모바일에서 보여지는 화면을 직접 확인하며 제작할 수 있습니다.

▲ PC화면

▲ 태블릿 화면

▲ 모바일 화면

이미지 보관함

이미지 보관함에서 등록한 이미지를 확인할 수 있습니다.

11번가 상품등록 에디터

11번가의 스마트 옵션은 상품상세 등록 + 옵션 등록이 결합된 방식입니다. 옵션이 있는 상품에서 기능합니다. 재고 관리에도 도움이 되며, 고객에게도 직관적인 선택이 가능하게 만듭니다. 오픈마켓에서 매출 발생이 줄어드는 이유는 다양한 옵션으로 인한 선택의 불편함에 있습니다. 스마트 옵션 기능을 활용해 고객의 옵션 선택을 돕고 11번가 리스팅 가산점을 받아보세요. 자세한 사항은 옵션 등록 상단의 등록 가이드를 확인하시면 좋습니다.

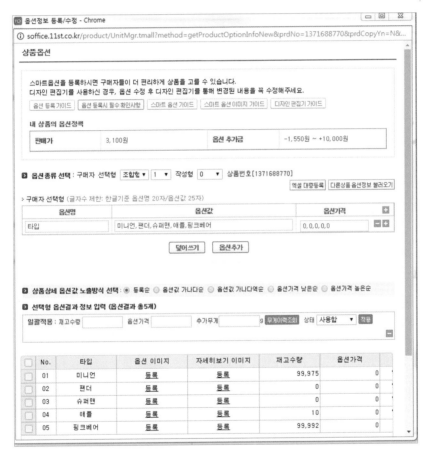

▲ 11번가 스마트 옵션의 상품 옵션

11번가 스마트 옵션의 전체 레이아웃은 아래 그림과 같습니다.

▲ 출처 : 11번가 스마트옵션 적용가이드

각 영역별로 내용을 입력해야 하며, 상세설명 상단 부분에는 일반적으로 브랜드의 공통
적인 설명 또는 인트로 이미지를 삽입합니다. 상세설명 하단 영역에는 배송정보를 입력
합니다. 중요한 점은 상세설명 중간 영역인데 이 부분에서 상품의 옵션을 연결하여 상세
페이지를 팝업으로 띄우고 인기상품 표시, 품절 표시가 자동 연동됩니다. 따라하기를 통
해 스마트 옵션을 등록해 보겠습니다.

📢 따라하기

01 [상품등록]–[상세설명]에서 'New 스
마트 옵션'을 클릭합니다.

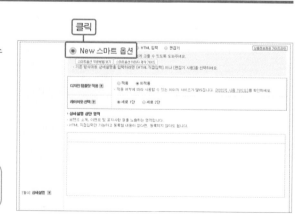

따라하기 전 상품등록 창의 필수 사항들을 임
의로 입력해야 다음 사항이 진행이 됩니다.

02 '디자인 템플릿 적용'은 '미적용'을, '레이아웃 선택'은 '세로 1단'을 선택합니다.

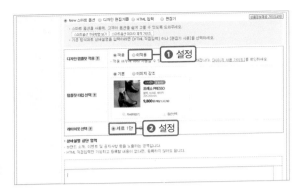

Tip

템플릿 적용과 미적용에 따라 표시되는 화면의 형태가 다릅니다.

03 해당 영역은 필수 입력으로 '상품옵션 등록/수정(상품옵션 등록/수정)'단추를 클릭합니다.

04 [옵션정보 등록/수정] 대화상자에서 '옵션 종류 선택'을 '조합형'으로 선택합니다.

05 '옵션명', '옵션값', '옵션가격'을 아래와 같이 입력 후 [옵션등록] 단추를 클릭하면, 옵션 그리드에 옵션정보가 등록됩니다.

옵션명 : 꿀
옵션값 : 밤꿀, 아카시아꿀, 천연야생화꿀, 천연벌집꿀, 틸리아꿀
옵션가격 : 0, 0, 0, 0, 0

06 옵션 그리드의 옵션이미지에서 각각
옵션마다 [등록] 단추를 클릭합니다.

07 [옵션 이미지 등록/수정] 창이 뜨면
[찾아보기](상품옵션 등록/수정) 단추를 클릭하
여 각각 이미지를 등록한 후 [저장] 단추를
클릭합니다.

밤꿀 : 2option_02.jpg
아카시아꿀 : 2option_03.jpg
천연야생화꿀 : 2option_04.jpg
천연벌집꿀 : 2option_05.jpg
틸리아꿀 : 2option_06.jpg

08 옵션 이미지가 옵션마다 등록되었습
니다. 모두 등록하였으면 옵션 그리드에서
자세히보기 이미지에 각각 옵션마다 [등록]
단추를 클릭합니다.

09 [자세히보기 이미지 등록/수정] 창이
뜨면 [찾아보기] 단추를 클릭하여 각각 이
미지를 등록 후 저장합니다.

밤꿀 자세히보기 이미지1 : nc.jpg
아카시아꿀 자세히보기 이미지2 : acasia.jpg
천연야생화꿀 자세히보기 이미지3 : wild.jpg
천연벌집꿀 자세히보기 이미지4 : honeycomb.jpg
틸리아꿀 자세히보기 이미지5 : tillia.jpg

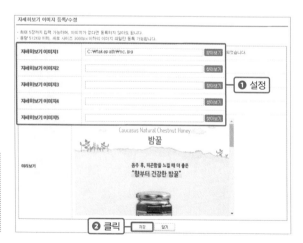

10 자세히보기 이미지가 옵션마다 모두 등록된 것을 확인할 수 있습니다.

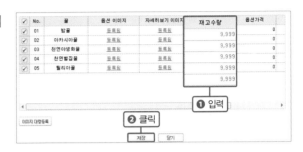

11 재고수량에 '9999'를 입력 후 [저장] 단추를 클릭합니다.

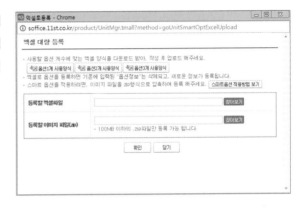

12 옵션 정보 입력을 사용하지 않고, 엑셀 파일을 이용해 등록도 가능합니다. '엑셀 대량등록'(엑셀 대량등록) 단추를 클릭하면 [엑셀로 등록] 대화상자가 열립니다.

13 사용할 옵션 개수 양식에 맞춰 다운로드 단추를 클릭해 양식을 다운로드하고, 엑셀 작성 후 이미지 파일과 함께 업로드한 후 [확인] 단추를 클릭합니다.

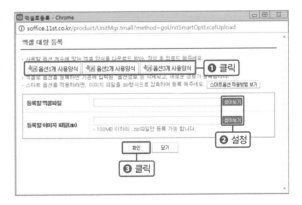

다운로드한 엑셀 대량 등록 양식

이미지 URL 입력 여부	No.	옵션명1	옵션 이미지 URL	자세히보기 이미지 URL	재고수량	옵션가격	상태	옵션추가무게
Y	01	밤꿀	http://~.jpg	http://~.jpg http://~.jpg http://~.jpg http://~.jpg http://~.jpg	100	0	사용함	0
	02	아카시아꿀			100	0	임시품절	0
	03	천연야생화꿀						
	04	천연밤집꿀						
	05	틸리아꿀						

이미지 URL 입력 여부

– 옵션 이미지 URL, 자세히보기 이미지 URL을 기재하려면 Y로 표기합니다.
– 옵션 이미지, 자세히보기 이미지 파일을 직접 업로드 하려면 N으로 표기합니다.
– 첫번째 줄에는 Y 또는 N을 반드시 기재합니다.

NO

– 옵션 이미지 URL을 사용하는 경우, 반드시 입력합니다(URL 입력 여부 항목이 Y인 경우 반드시 표기).
– 최초 기재하는 옵션값부터 옵션값이 변경될 때마다 01, 02 형식으로 기재합니다(1, 2, 3 기재 시 등록불가합니다).

옵션명, 옵션값

– 제목줄에 기재된 '옵션명1'은 변경 가능합니다. ex) 상품, 모델, 색상, 사이즈
– '옵션명1' 아래에 옵션값을, 사용 불가능한 특수 문자 없이 기재합니다.

옵션 이미지 URL

– 상세설명에 노출되는 요약 이미지입니다.
– 옵션이미지를 디자인편집기에 이미지를 업로드 후 이미지 경로를 적어줍니다(디자인편집기 이미지 업로드 방법 참고).
– 첫번째 줄의 이미지URL 입력 여부가 Y인 경우, 반드시 기재합니다(URL내 띄어쓰기가 있으면 등록이 불가합니다).
– No. 항목의 값 01, 02, 03별로 기재합니다. 각 No.의 첫번째 줄마다 URL을 입력해야 합니다.
– 옵션 이미지 URL은 1개만 입력 가능합니다.

디자인편집기 이미지 업로드 방법

❶ [상품조회/수정]에서 [디자인 편집기](디자인 편집기) 단추를 클릭합니다.

❷ 폴더생성 단추를 클릭해 폴더를 생성합니다.

❸ 디자인 편집기 창에서 [이미지 업로드](이미지업로드) 단추를 클릭하여 이미지를 업로드합니다.

❹ 이미지 링크를 얻고자 하는 이미지를 클릭한 후 [링크복사] (링크 복사) 단추를 클릭하여 이미지 링크
를 복사합니다.

자세히보기 이미지 URL

– 옵션 이미지 클릭 시 팝업으로 뜨는 상세 이미지입니다.
– 옵션이미지를 디자인편집기에 업로드 후 이미지 경로를 적어 줍니다(디자인편집기 이미지 업로드 방법 참고).
– 이미지 URL 입력 여부를 Y로 표기했을 때만 기재합니다.
– No. 항목의 값 01, 02, 03별로 기재해 주세요. 각 No.의 첫번째 줄마다 URL을 입력해야 합니다.
– 자세히보기 이미지 URL은 최대 5개까지 입력 가능합니다(이미지 URL 여러 개 입력 시, URL마다 줄 바꿈합니다).

재고수량

– 숫자로만 입력합니다. 옵션별 재고 수량은 최소 1개 이상으로 입력해야 합니다.
– 모든 재고 수량의 합은 최대 1억 개까지 가능합니다.

옵션가격

– 숫자로만 입력합니다. 옵션가격은 판매 가격의 –50% ~ +100%까지 입력 가능합니다.
– 옵션 가격이 0원인 옵션이 최소 1개 이상 있어야 합니다.

상태

'사용함', '임시품절' 중 1개를 입력해 주세요.

옵션추가무게

옵션추가무게
0

– 숫자로만 입력합니다. 해외 배송 상품일 경우에 반드시 입력합니다.
– 해외배송 상품이 아닐 경우 0을 입력합니다.

14 등록한 상품을 확인하면 스마트옵션이 적용된 것을 확인할 수 있습니다.

15 옵션이 품절되면 아래와 같이 품절 표시가 되는 것을 확인할 수 있습니다.

1. 옵션 템플릿 적용 시와 미적용 시의 차이점

템플릿 [적용]을 선택하면 템플릿 타입(기본, 이미지강조형 중 택1)과 레이아웃(세로1단, 세로2단 중 택1)을 선택합니다.

템플릿 [미적용]을 선택하면 레이아웃(세로1단, 세로2단 중 택1)을 선택합니다.

템플릿 적용 시

– 옵션 이미지 사이즈 : 300 X 300 이상

– 자세히 보기(상세페이지) 이미지 사이즈 : 가로 800px, 세로 3000px 이하

▲ 템플릿 적용시 옵션 예시 이미지

템플릿 미적용시

[이미지 사용 가이드](이미지 사용 가이드) 단추를 클릭하여 화면이 뜨면 [이미지 템플릿 PSD 파일 다운로드]

(이미지 템플릿 PSD 파일 다운로드) 단추를 클릭하고 사이즈에 맞게 이미지를 준비합니다.

▲ 템플릿 미적용시 이미지 템플릿 PSD를 이용한 옵션 예시 이미지(가로:840px, 세로:400px)

2. 상세설명 상단 영역과, 상세설명 하단 영역 입력

두 영역 모두 HTML 직접 입력만 가능하고 등록할 내용이 없다면, 등록하지 않아도 됩니다.

– 상세설명 상단 영역은 인트로 페이지(브랜드소개, 이벤트 및 공지사항 등)를 노출하는 영역입니다.

– 상세설명 하단 영역은 반품교환정보, 제품사양 및 주의사항, 인증정보 등을 노출하는 영역입니다.

핫한 플랫폼 스마트스토어의 모든 것

CHAPTER 04

스마트스토어의 성장 속도는 매우 놀랍습니다. 리뷰 형태 상세페이지가 노출에 큰 영향을 주는 스마트스토어에서는 에디터 사용 방법 숙지가 매우 중요합니다. 스마트스토어 판매자센터 블로그(http://blog.naver.com/naver_seller)에서 많은 정보를 얻을 수 있습니다.

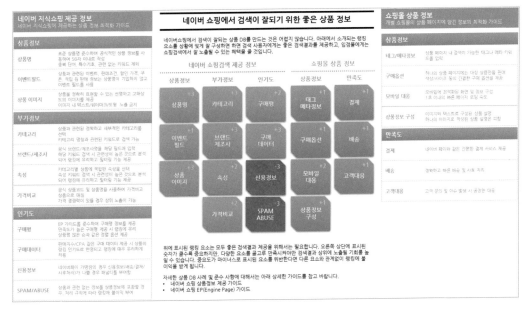

▲ 출처 : 네이버 쇼핑 파트너 블로그 – 검색 잘 되는 DB

스마트스토어는 검색이 잘 되는 방법을 꼭 숙지해야 합니다. 상품 정보 구성에서 이미지보다 이미지+텍스트의 구성이 더 좋습니다. 이런 부분에서 에디터의 중요성을 한번 더 인지할 수 있습니다. 이 검색 시스템은 블로그 검색 로직과 비슷하게 적용할 수 있어서 실제로 블로그를 운영했던 분들은 조금 더 쉽게 이해하실 수 있을 거라고 생각합니다.

스마트스토어의 관리자 페이지는 [네이버 쇼핑] 페이지 하단의 [스마트스토어 센터]-[스토어 관리] 메뉴로 들어갈 수 있습니다.

01 스마트스토어 노출 잘 되는 이미지 등록하기

스마트스토어는 누구나 손쉽게 작성이 가능한 '스마트에디터 3.0'을 활용해 상품을 등록하고 상품 상세페이지를 디자인할 수 있습니다. 스마트스토어 스마트에디터 3.0 서비스에 대해 알아보겠습니다.

📢 따라하기

01 [상품관리]–[상품등록]–[Smart Editor 3.0으로 작성] 단추를 클릭 시 [SmartEditor] 편집화면이 새 창으로 열립니다.

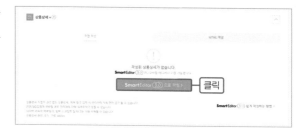

02 상단에 [템플릿](📋 템플릿) 단추를 클릭하고 원하는 템플릿을 선택하여 템플릿을 불러옵니다.

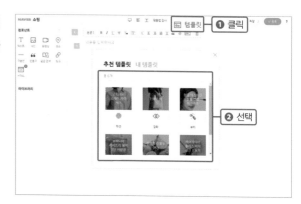

03 템플릿 이미지 영역을 선택하면 편집박스가 나타납니다. 편집박스는 사진 교체, 정렬, 링크, 삭제 등 다양한 편집을 할 수 있습니다.

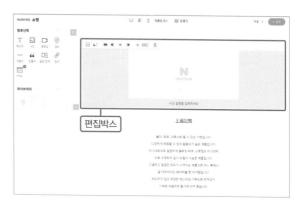

04 템플릿의 사진을 변경하기 위해 [사진교체] (🖼) 단추를 클릭하여 사진을 변경합니다. 임의 이미지 파일로 변경합니다.

05 해당 템플릿에서 텍스트 영역에 수정하고자 하는 글자를 입력합니다.

06 글자를 입력 후 꾸미고자 하는 텍스트 영역을 선택하면 편집박스가 나타납니다. 텍스트 편집박스는 폰트 크기, 색상, 스타일, 정렬, 링크, 삭제 등 다양한 편집을 할 수 있습니다.

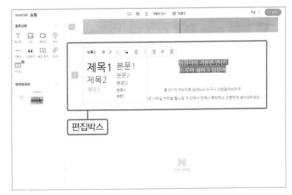

07 텍스트에 디자인이 된 것을 확인할 수 있습니다.

08 텍스트, 이미지, 동영상 등 다양한 컴
포넌트를 추가하고 싶을 경우 왼쪽 메뉴에
서 추가하고자 하는 해당 컴포넌트 단추를
클릭합니다.

09 텍스트 아래 이미지를 추가하기 위해
왼쪽 메뉴에서 [사진] (🖼) 단추를 클릭하
여 이미지를 추가합니다.

10 템플릿 중 불필요한 부분은 편집박스
에서 [삭제] (🗑) 단추를 클릭하여 삭제합
니다.

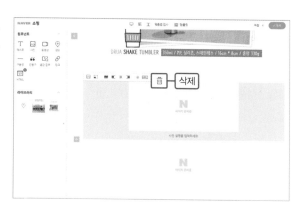

11 삭제된 것을 확인할 수 있습니다.

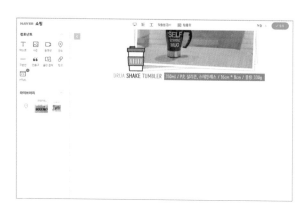

12 밋밋한 텍스트 부분에 포인트를 주고 싶을 경우 텍스트를 선택하여 [인용구](66) 단추를 클릭합니다.

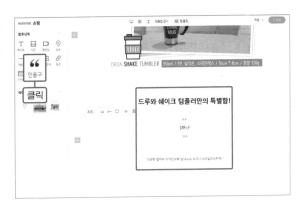

13 텍스트 사이 혹은 이미지 사이에 구분선을 넣기 위해 왼쪽 메뉴에서 [구분선] (─) 단추를 클릭합니다. 구분선이 추가된 것을 확인할 수 있습니다.

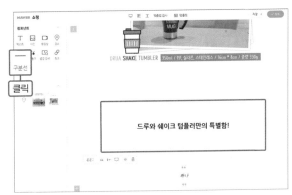

14 똑같은 영역을 복사하고 싶을 경우 Ctrl 키를 눌러 복사할 영역을 선택합니다. Ctrl + C 키를 눌러 복사한 후 Ctrl + V 키를 눌러 붙여넣기합니다.

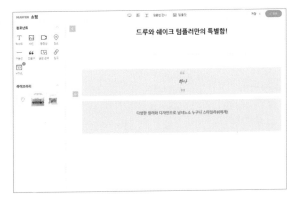

15 똑같은 영역이 복사된 것을 확인할 수 있습니다.

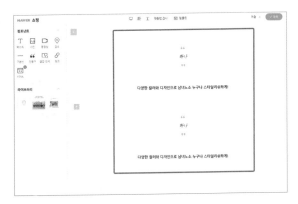

16 텍스트를 수정합니다.

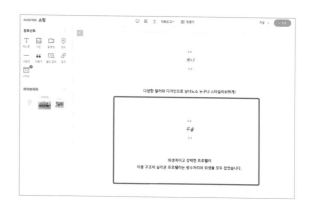

17 원하는 동영상을 추가할 수 있습니다. 동영상의 경우 상품의 사용 방법이나 재질, 사용 TIP, 브랜드의 홍보를 동영상으로 알차게 설명할 수 있습니다. 왼쪽 메뉴에서 [동영상]( ) 단추를 클릭합니다.

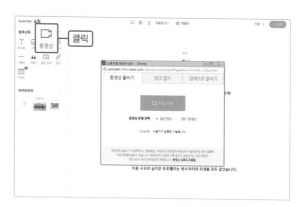

18 동영상 올리기, 링크 걸기, 검색으로 올리기를 통해 원하는 동영상을 추가하면 원하는 동영상이 추가되는 것을 확인할 수 있습니다.

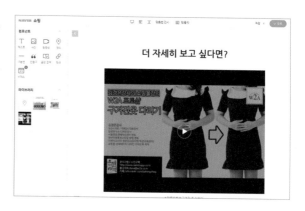

19 상세페이지 디자인을 다 마무리한 후 상단에 위치한 [등록] 단추를 클릭해 저장합니다.

02 스토어 찜하기와 톡톡친구 맺기, 쿠폰 발급 공지사항 만들기

스마트스토어찜과 톡톡친구 등록은 판매자 등급 향상에 도움을 주며 고객에게 단체 톡톡을 보내어 마케팅 부분에서도 이용할 수 있습니다.

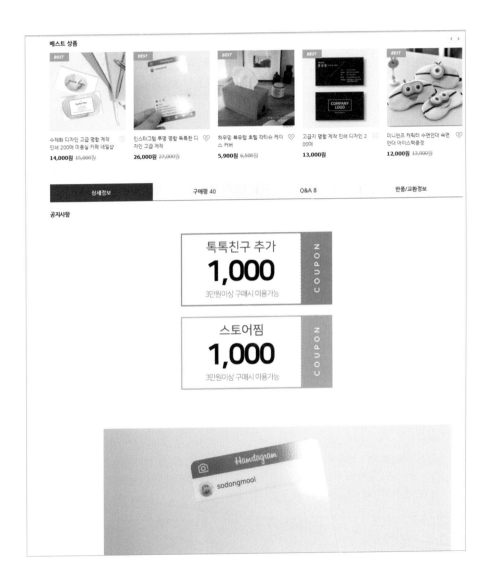

📢 **따라하기**

01 스마트스토어센터에 관리자로 로그인하여 [고객혜택관리]-[혜택등록] 메뉴를 클릭합니다.

 Tip 발급 후에는 수정이 되지 않습니다. 꼼꼼하게 발급 부분을 확인하세요.

02 아래와 같이 정보를 입력하고, [저장] 단추를 클릭해 저장합니다.

 Tip **혜택이름** : '스토어찜쿠폰-5프로' / **타게팅 대상** : 스토어찜 / **혜택종류** : 쿠폰 / **쿠폰종류** : 상품중복할인 / **발급방법** : 다운로드 / **할인설정** : '5'% / 최대 '3,000'원 할인(임의 선택) / **최소주문금액** : '30,000'원(임의 선택) / **혜택기간** : 설정안함 / **쿠폰유효기간** : 발급일 기준으로 설정. '7'일(임의 선택) / **혜택상품지정** : 내스토어 상품전체

03 [혜택등록] 메뉴를 한 번 더 클릭해 '톡톡친구' 할인을 아래와 같이 설정한 후 저장합니다.

혜택이름 : '톡톡친구 1000원쿠폰' / **타게팅 대상** : 톡톡친구 / **혜택종류** : 쿠폰 / **쿠폰종류** : 상품중복할인 / **발급방법** : 다운로드 / **친추감사메세지** : 추가(팝업창을 띄우기 위한 필수선택으로 중요!) / **할인설정** : '1000'원 할인(임의 선택) / **최소주문금액** : '30,000'원(임의 선택) / **혜택기간** : 설정안함 / **쿠폰유효기간** : 발급일 기준으로 설정 – 7일(임의 선택) / **혜택상품지정** : 내스토어 상품전체

03 스토어찜, 톡톡친구 할인쿠폰 pc + 모바일 배너 삽입하는 방법

앞에서 만든 배너를 이벤트 페이지에 삽입하는 방법을 알아봅니다. 상품을 등록할 때 공지사항 사용 여부를 체크하면 매번 직접 배너를 삽입할 필요 없이 한 번에 상품페 이지 상단 구역에 배너를 삽입할 수도 있습니다.크롬 브라우저로 따라해주시길 바랍 니다.

📢 따라하기

예제 파일 ▶ Part4/Chapter2/Section3/스토어찜.jpg, 톡톡친구.jpg

01 생성한 스토어찜과 톡톡친구 할인 쿠 폰의 이미지를 준비합니다.

Tip 쿠폰 이미지 내용은 앞에서 작성한 쿠폰 내용으로 만들어 주세요.

02 네이버 스마트스토어센터 관리자로 로그인하여 [상품관리]–[공지사항 관리] 메 뉴를 클릭합니다.

03 [상품 공지사항 관리] 페이지에서 [새 공지사항 등록] 단추를 클릭합니다.

04 [상품 공지사항 등록] 페이지의 '공지 상세'에서 '직접 작성' 탭을 클릭하여 [Smart Editor 3.0으로 작성〉] 단추를 클릭합니다.

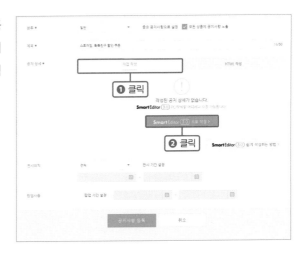

05 [editor] 창이 뜨면 컴포넌트에서 [사진]( )단추를 클릭합니다.

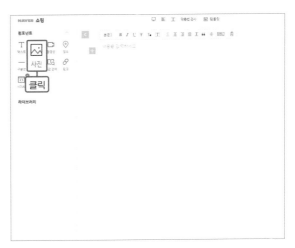

06 [내 사진] 단추를 클릭하고, 2가지 쿠폰배너 이미지를 불러옵니다.

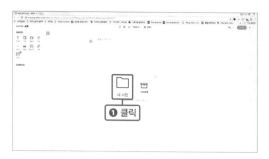

Tip 예제 파일 : 스토어찜.jpg, 톡톡친구.jpg

07 모든 쿠폰을 선택한 후 정렬 중에서 [가운데 정렬]을 클릭해 정렬합니다.

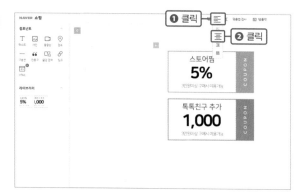

08 스토어찜쿠폰 이미지를 클릭하면 나타나는 옵션 메뉴에서 [링크 입력하기] (URL) 단추를 클릭합니다.

Tip 현재 창을 닫지 마세요.

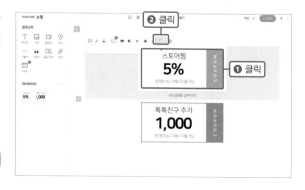

09 크롬 브라우저에서 내 스마트스토어
로 접속하면 내 스마트스토어의 메인화면
이 열립니다.

10 크롬 브라우저의 오른쪽 설정 단추를
클릭한 뒤 [도구 더보기]–[개발자 도구] 메
뉴를 클릭합니다.

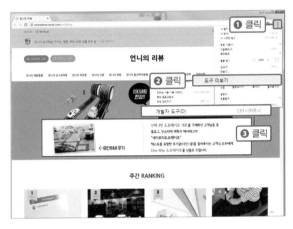

Tip 단축키 : Ctrl + Enter + I

11 디바이스 보기(□) 단추를 클릭하여
화면 보기를 변경합니다.

Tip 단축키 : Ctrl + Enter + M
[toggle device toolbar] 메뉴는 PC에
서 모바일웹 버전으로 볼 수 있는 기
능입니다.

12 URL이 적힌 주소에 'm.'을 화면과 같
이 입력하고, [Enter] 키를 눌러 접속합니다.

13 모바일 웹페이지로 접속하면 [스토어
찜] 단추를 클릭합니다.

Tip 이미 스토어찜이 되어 있는 경우 더
블클릭 합니다.

14 찜쿠폰 발급창이 열리면 URL 주소창
의 주소를 복사합니다.

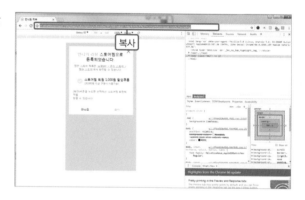

15 08의 [Editor] 창으로 돌아가 URL
영역에 앞에서 복사한 URL을 붙여넣기합
니다.

16 다시 크롬에 열어 두었던 내 모바일 스마트스토어 창을 열고 [톡톡친구] 단추를 클릭합니다.

17 [쿠폰 받으러 가기] 단추를 클릭합니다.

18 톡톡 채팅창이 열리면 URL 주소를 복사합니다.

Tip #nafullscreen은 제외하고 복사합니다.

19 같은 방법으로 '톡톡친구 추가' 이미지에 URL영역에 앞서 복사한 주소를 붙여 넣습니다.

20 [등록] 단추를 클릭하여 공지사항관
리 창으로 이동합니다.

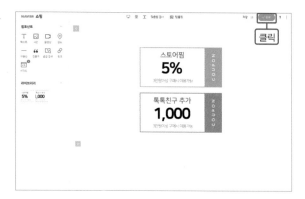

21 '모든 상품에 공지사항 노출'에 체크
하고 [공지사항 등록] 단추를 클릭하여 공
지사항 등록을 마무리 합니다.

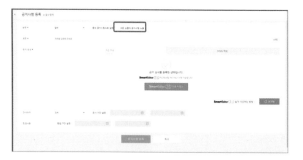

미리캔버스와
VLLO 앱으로
쇼핑몰 필수페이지
제작하기

미리캔버스는 완성되어 있는 템플릿 디자인 틀에 이미지와 텍스트만 추가해 손쉽게 디자인 할 수 있는 프로그램입니다. 웹 기반 에디터 형식으로 이미지, 인쇄물, 동영상 등 다양하게 제작 가능하며 무료라는 장점이 더해져 관공서나 교육기관, 대학생들이 많이 사용합니다.

VLLO 앱은 사용성이 좋은 무료 동영상 편집 앱입니다. 상세 페이지에 사용할 동영상 및 움짤(GIF)을 만들 때 사용할 수 있습니다.

미리캔버스로 쇼핑몰 필수페이지 제작하기

미리캔버스는 단순한 이미지 1개만으로는 저장되지 않습니다. 뿐만 아니라, 몇 개의 이미지를 조합 또는 변경해서 사용하면 라이선스(저작권) 문제 없이 활용이 가능합니다. 지금부터 안내할 내용은 미리캔버스의 템플릿을 활용해 간편하게 쇼핑몰 디자인을 만드는 방법입니다.

SECTION 01 스마트스토어 메인 배너 제작하기

18.8%로 시장점유율이 가장 높은 스마트스토어는 네이버의 대표적인 판매 플랫폼이며 브랜드쇼핑몰에 초점이 맞춰져 있습니다. 스마트스토어의 대문 이미지인 "메인 배너"의 제작 방법을 알아보겠습니다.

▲ 완성된 화면, PC / 모바일>

📢 따라하기

완성 파일 ▶ Part5/Chapter1/Section1/당일 출발.JPG

01 미리캔버스에 로그인합니다.

▲ 미리캔버스 메인 화면

02 바로 시작하기 단추를 눌러 빈 캔버스를 열어주세요.

03 스마트스토어 메인 배너의 이미지 사이즈 확인을 위해 [스마트스토어센터]-[스토어 전시관리]-[스마트스토어(NEW)]를 클릭합니다.

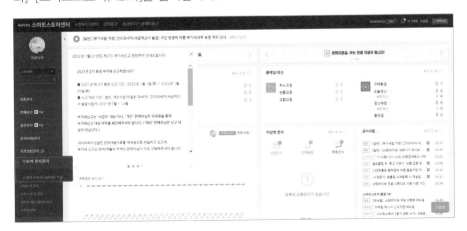

04 이어서 [컴포넌트 관리]를
클릭합니다.

05 이어서 [프로모션 이미지]
를 클릭합니다.

06 [프로모션 이미지 관리]에서 [가이드 다운로드]
를 클릭하여 사이즈를 확인합니다.

07 다시 미리캔버스로 돌아갑니다. 먼저 PC를 기
준으로 크기를 변경해보겠습니다. 1920×400px으로
변경합니다.

08 검색창에 배송을 입력하고 밑에 모든 템플릿에서 소셜 미디어 정사각형을 클릭합니다.

09 화면에 나타난 이미지 중 그림과 같은 이미지를 클릭합니다.

10 이미지에 적힌 문구를 원하는 내용으로 바꿉니다.

11 필요 없는 부분은 선택한 뒤 우클릭하여 삭제합니다.

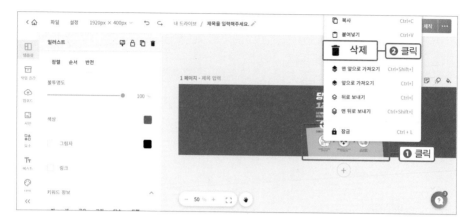

12 필요한 모든 문구를 삽입하고 디자인을 수정하여 템플릿을 완성합니다.

13 설정을 눌러 [눈금자 보기]를 활성화합니다.

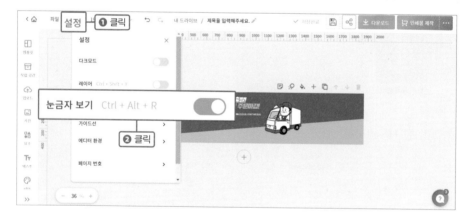

14 이어서 [눈금자 보기] 아래에 있는 [가이드선]을 클릭해줍니다.

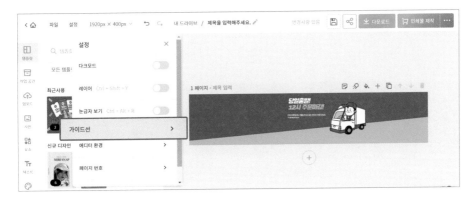

15 가이드선에서 [세로 가이드선 추가]로 세로 선을 추가합니다.

16 가이드선이 보이지 않는다면 [가이드선 보기]를 활성화합니다.

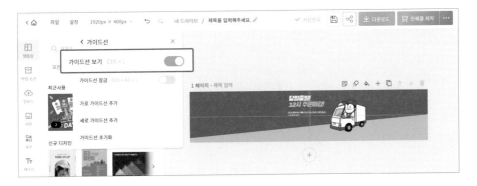

17 세로 가이드선을 왼쪽 450px 지점과 오른쪽 1470px 지점에 맞춰줍니다.

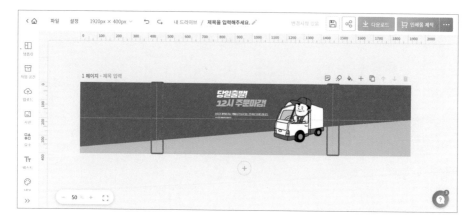

18 화면 중앙에 잘 들어오도록 글자와 사진을 배열합니다.

19 [다운로드]를 클릭하고 [파일 형식]을 JPG로 변경한 다음 [빠른 다운로드]를 클릭합니다.

20 이번에는 모바일 크기인 750×600px으로 변경하고 [원본 크기]를 눌러줍니다.

21 이번에도 [다운로드]를 클릭하고 [파일 형식]을 JPG로 변경한 다음 [빠른 다운로드]를 클릭합니다.

22 다시 스마트스토어센터의 [컴포넌트 관리]-[프로모션 이미지]로 이동해서 방금 만든 이미지를 등록합니다.

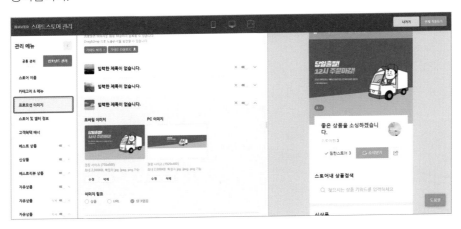

23 제목은 '당일출발'로 입력합니다.

24 화면 우측의 [전체 적용하기]를 클릭합니다.

SECTION 02 고객혜택쿠폰 공지 제작하기

고객혜택쿠폰은 판매발생을 높이는 좋은 이벤트입니다. 혜택의 존재와 흥미 유도를
위해서 공지를 만들어보겠습니다.

📢 따라하기

완성 파일 ▶ 완성 파일 Part5/Chapter1/Section2/고객혜택쿠폰.jpg

01 미리캔버스의 템플릿에서 '싹쓰리데이즈'를 입력하고 유형을 '소셜 미디어 정사각형'으로 선택
합니다. 아래 이미지와 동일한 이미지를 클릭합니다.

02 생성되어 있는 텍스트 박스를 더블클릭하여 원하는 내용으로 변경합니다. 위치를 옮기고 싶다
면 그룹해제를 눌러 그룹을 해제한 다음 위치를 조정합니다.

03 글씨크기를 수정하려면 왼쪽 속성창에서 글씨크기를 수정합니다.

04 위치의 미세한 조정이 필요할 때는 대상
을 선택한 뒤 키보드의 방향키를 눌러서 원하
는 위치로 이동시킵니다.

05 색상 또한 왼쪽의 속성창에서 원하는 글자색으로 변경할 수 있습니다.

06 필요 없는 부분은 선택한 뒤 우클릭하여 삭제합니다.

07 화면에 글자가 모두 담기지 않으면 글자 박스의 크기를 변경합니다.

08 박스를 선택하면 나타나는 모서리 부분 동그라미에 커서를 놓고 드래그해서 크기를 늘려줍니다. 그룹화 되어 있으면 동그라미가 나타나지 않습니다. 먼저 그룹해제해 주세요.

09 이벤트쿠폰을 다 만들었다면 [다운로드]를 클릭하고 [파일 형식]을 JPG로 변경한 다음 [빠른 다운로드]를 클릭합니다.

03 고객리뷰 이벤트 제작하기

상세페이지에 이벤트 내용을 첨부하는 경우도 많습니다. 대표적으로 포토리뷰 작성 이벤트가 있습니다. 미리캔버스의 상세페이지 템플릿을 활용하여 고객 포토리뷰 이벤트페이지를 제작해보겠습니다. 실습 후에도 다양한 템플릿으로 연습해보시길 바랍니다.

📢 **따라하기**

예제 파일 ▶ 리뷰이벤트1~2.jpg
완성 파일 ▶ 고객리뷰이벤트.jpg

01 미리캔버스에 접속하여 [디자인만들기]-[상세페이지]를 클릭합니다.

02 스크롤을 내려서 '라이프/패션 상세페이지'를 찾아 [더보기]를 클릭합니다.

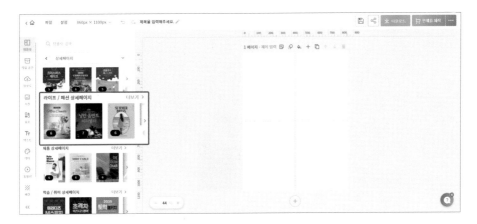

03 스크롤을 내리며 '내살셔츠'를 찾은 뒤 클릭합니다. 셔츠 관련 상세페이지 디자인을 확인할 수 있습니다.

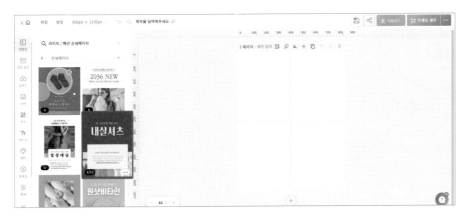

04 상세페이지 중에서 '왓셔츠 소문내기 이벤트'를 선택합니다.

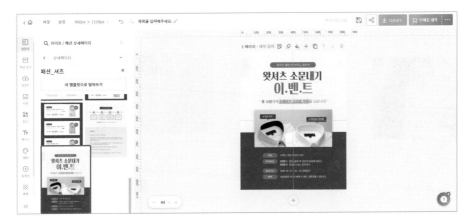

05 '제목을 입력하세요'를 클릭해 '코르셋상세페이지'라고 입력합니다.

06 왼쪽 속성창에서 [업로드]를 눌러 [내 파일 업로드]를 선택합니다.

07 코르셋 이미지 파일을 찾아서 전체 선택한 다음 [열기]를 누릅니다.

08 이미지를 선택하고 하단의 [폴더이동]을 클릭합니다.

09 [내 드라이브]를 선택해 이미지들을 이동시킵니다.

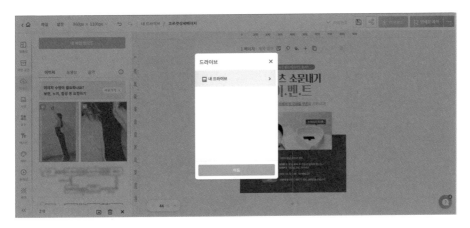

10 왓셔츠 소문내기 글자를 '어라운드랩 내살코르셋'으로 변경합니다.

11 빈 공간에 커서를 두고 클릭했다가 다시 '어라운드랩 내살코르셋'을 눌러서 좌우크기를 늘립니다.

12 이.벤.트도 똑같이 '포토후기 이.벤.트'라 고 입력한 다음, 좌우크기를 늘립니다.

13 사진 위의 문구도 '포토후기 적어주시면 네이버 포인트드립니다.'로 변경합니다.

14 뒤의 색깔박스를 포토후기로 이동해서 크기를 맞춰줍니다.

15 왼쪽의 속성창 메뉴 중 [업로드]를 클릭하고 아까 업로드했던 사진 중 우선으로 원하는 사진을 클릭합니다.

16 사진을 알맞은 크기로 조정합니다.

17 셔츠 사진과 문구는 삭제합니다.

18 빈 공간을 클릭하여 나머지 사진도 넣어줍니다.

19 하단의 글씨도 수정합니다.

20 중앙의 네모박스를 잠금합니다.

21 글자를 그룹화합니다.

22 글자를 아래로 내리고 사진을 세로로 늘려줍니다.

23 상단의 '왓셔츠아직도몰라'도 삭제하고 나머지 문구들을 보기 좋게 배열합니다.

24 [다운로드]를 클릭하고 [파일 형식]을 JPG로 변경한 다음 [빠른 다운로드]를 클릭합니다.

04 해외 구매대행 상세페이지 제작하기

요즘은 상세페이지에 배송 안내 문구를 적지 않기도 하지만, 해외 구매대행을 하신다면 필수로 활용하시기 바랍니다. 배송 안내를 적지 않으면 반품 및 교환 등의 분쟁이 발생했을 때 고지의무를 다하지 않았다는 이유로 피해를 입을 수 있습니다. 상품페이지 상단 혹은 하단에 넣어주세요.

📢 따라하기

예제 파일 ▶ 구매대행배경.jpg, 구매대행내용.txt
완성 파일 ▶ 구매대행안내.jpg

01 미리캔버스에 접속하여 [디자인 만들기]-[직접 입력]에서 860×1100px의 캔버스를 만듭니다. 이어서 [업로드]-[내 파일 업로드]로 배경이미지를 넣어줍니다.

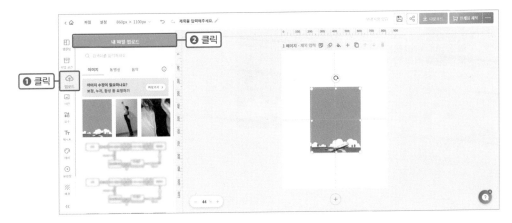

02 불러온 배경이미지를 캔버스 전체만큼으로 크기를 키웁니다.

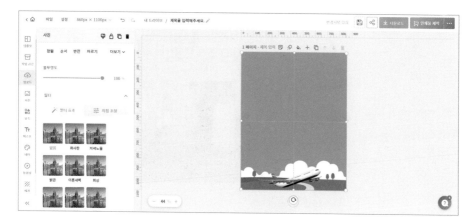

03 왼쪽의 속성창 중에서 [요소]-[도형]을 선택한 뒤 사각형을 클릭합니다.

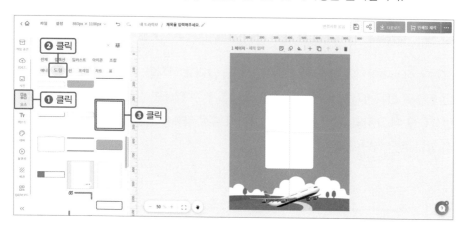

04 사각형의 크기를 키우고 색상을 변경합니다.

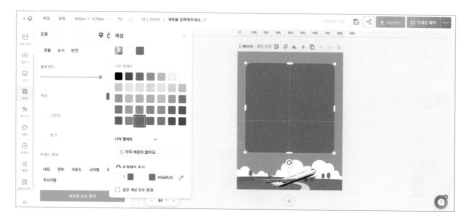

05 왼쪽 설정창의 [텍스트]에서 [고딕스타일]–[제스타입검은고딕체]를 클릭하면 텍스트 박스가 생성됩니다. 상단에 위치시키고 문구를 적고 흰색으로 바꿔줍니다.

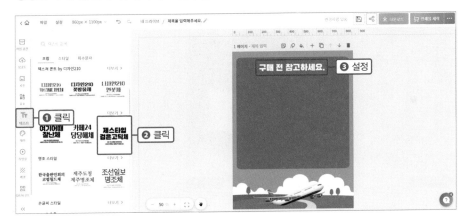

06 왼쪽 설정창의 [요소]에서 배경이 흰색인 사각형을 선택합니다.

07 상단의 [반전]에서 [상하 반전]을 선택합니다.

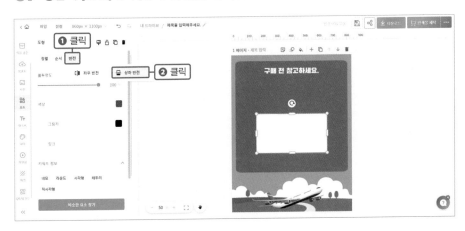

08 크기를 키운 뒤 상단의 [정렬]에서 가운데 정렬을 선택합니다.

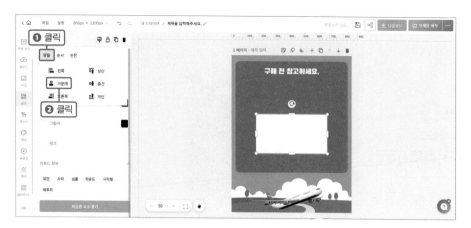

09 왼쪽 설정창의 [요소]에서 원을 선택하여 원을 3개 만들고 색상을 바꿉니다.

10 왼쪽 설정창에서 [텍스트]–[부제목 텍스트]를 선택해서 원 안에 들어갈 글자를 입력하고 색상을 변경합니다.

11 왼쪽 설정창의 [요소]-[선]에서 점선을 선택해 삽입하고 색상을 바꿉니다.

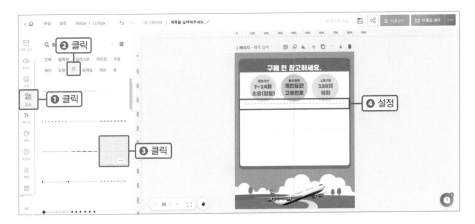

12 [텍스트]-[본문 텍스트]를 선택하고 배송 주의사항 내용을 적습니다. 본문 내용은 구매대행내용.txt를 참고해주세요.

13 글자 크기와 폰트를 적절하게 조정합니다.

14 [다운로드]를 클릭하고 [파일 형식]을 JPG로 변경한 다음 [빠른 다운로드]를 클릭합니다.

CHAPTER 02

VLLO 앱으로 삽입할
동영상 및 움짤(GIF) 제작하기

VLLO 외에도 다양한 동영상 편집 앱이 있지만, 무료이면서도 사용이 가장 간편하다는 장점이 있습니다. 저 역시도 유튜브 편집을 VLLO로 하고 있습니다. 간단한 영상 편집으로 쇼핑몰을 더 풍성하게 만드는 방법을 알아보겠습니다.

SECTION 01 사진으로 동영상 제작하기

스마트스토어에는 동영상을 등록하는 영역이 별도로 있습니다. 해당 영역에 동영상을 올리면, 네이버 동영상 검색에 노출되어 추가 노출 기회를 얻을 수 있습니다. 동영상이 없다면, 사진으로 동영상을 제작해서 여러분의 상품을 노출해보세요. 무료 앱 'VLLO'를 활용하여 동영상을 만드는 방법을 알려드리겠습니다.

📢 따라하기

예제 파일 ▶ Part5/Chapter2/Section1/오르골무드등(1)~(3).jpg
완성 파일 ▶ Part5/Chapter2/Section1/오르골무드등_완성.mp4

01 스마트폰 스토어에서 VLLO 앱을 다운받습니다. 여기서는 구글 플레이스토어를 이용합니다. 아이폰의 경우 일부 순서가 다르지만 전체적인 틀은 같습니다.

02 첫 화면에서 '비디오/GIF 만들기'를 클릭합니다.

03 비디오를 만들고자하는 사진을 선택하고 빨간색 화살표를 누릅니다.

04 경고문구가 나타납니다.

05 설정에서 [화면 비율] : 1:1, [영상 배치] : 채움을 선택하고 [프로젝트 생성하기]를 클릭합니다.

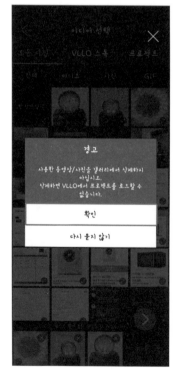

06 각 사진마다 4초씩 재생되는 비디오가 생성됩니다.

07 첫 번째 사진을 눌러서 재생 시간을 1~2초로 줄여줍니다.

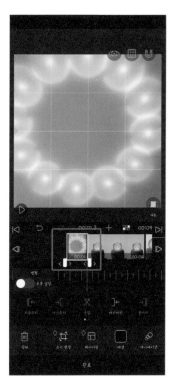

08 세 번째 사진을 클릭해서 이미지의 물체를 중앙으로 이동시킵니다.

09 효과를 넣을 차례입니다. 하단 [스티커] 탭을 선택한 후 왼쪽 메뉴창 하단의 [템플릿]을 클릭합니다.

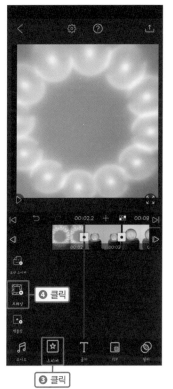

10 템플릿 중에서 원하는 것을 선택하고 체크 버튼을 누릅니다.

11 템플릿이 영상에 적용되는 시간을 [처음부터], [끝까지]로 설정하고 완료를 누릅니다.

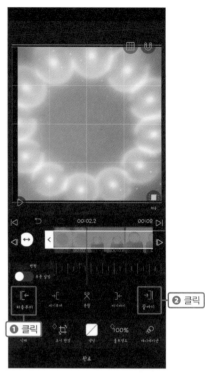

12 사진과 사진 사이마다 (●)를 클릭해 나타나는 다양한 트랜지션 중 하나를 선택한 뒤 완료를 누릅니다.

13 텍스트를 추가할 차례입니다. 하단 [글자] 탭을 선택한 후 왼쪽 메뉴창에서 [글자]–[Vlog]에서 아래 이미지와 같은 'My VLOG'를 찾아서 클릭합니다.

14 화면에 나타난 글자를 원하는 문구로 바꿉니다.

15 이어서 문구를 원하는 크기로 줄인 다음, 문구의 적용 시간을 [처음부터], [끝까지]로 설정합니다.

16 배경음악을 추가할 차례입니다. 첫 번째 구간으로 이동한 뒤 하단의 [오디오] 탭을 선택한 후 왼쪽 설정창에서 [배경음악]을 클릭합니다.

17 다양한 카테고리가 나타납니다. 그 중에서 [#Vlog]-[Sunshine2]를 선택합니다.

Tip

첫 번째 구간에서 배경음악을 설정해야 전체 구간에 배경음악 적용이 가능합니다.

18 배경음악의 적용 시간을 [처음부터], [끝까지]로 설정하고 완료를 누릅니다.

19 지금까지 만든 비디오가 목적대로 구성됐는지 재생을 해 봅니다. 수정할 내용이 없다면 상단의 [추출하기(⬆)]를 누릅니다.

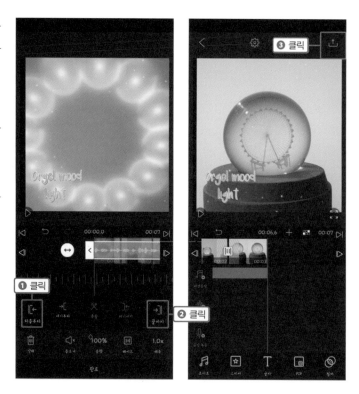

20 비디오는 [해상도] : 중간 화질을 선택하고 [추출하기]를 눌러줍니다.

21 추출이 완료되면 작업한 결과물을 갤러리에서 확인할 수 있습니다.

02 동영상으로 GIF 제작하기

동영상 파일은 고객이 직접 플레이해야만 재생이 되므로 많은 고객이 그냥 지나쳐 정보 노출이 어렵습니다. 상품의 다채로운 설명에는 동영상만한 것이 없기 때문에 속칭 '움짤(움직이는 짤림 방지 이미지)'를 이용하면 좋습니다. VLLO 앱으로 움짤을 만드는 방법을 배워보겠습니다. 상세페이지에 적용해보세요!

📣 따라하기

예제 파일 ▶ gif예시파일.mp4
완성 파일 ▶ gif파일.gif

01 VLLO 앱에서 [비디오/GIF 만들기]를 눌러줍니다.

02 [비디오]를 눌러서 'gif예시파일.mp4' 영상을 선택합니다.

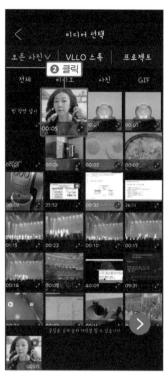

03 사용한 동영상을 삭제하면 Vllo에서 프로젝트를 다시 활용할 수 없습니다.

04 [화면 비율] : 4:5, [영상배치] : 채움으로 설정하고 [프로젝트 생성하기]를 누릅니다.

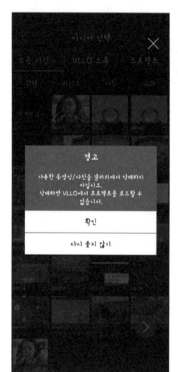

05 가장 큰 메인화면에 나타
난 동영상을 클릭하면 나타나는
하단 메뉴에서 오른쪽으로 드래
그하여 [배속] : 1.0x 설정을 찾
습니다.

06 1.0x로 설정된 배속을
2.0x로 바꿉니다.

07 상품 설명에 필요 없는 부
분은 잘라주세요.

08 다시 메인의 동영상 화면
을 클릭한 뒤 위치와 크기를 조
절합니다.

09 지금까지 만든 움짤이 목적대로 구성됐는지 재생을 해봅니다. 수정사항이 없다면 상단의 [추출하기]를 누릅니다.

10 추출하기에서 [GIF] 탭을 선택하고 [해상도] : 중간화질로 변경합니다.

Tip 화질 설정에 따라서 GIF 파일의 용량에 큰 차이가 있습니다. 상세페이지는 빠른 로딩 속도가 중요하기 때문에 중간화질로 만드는 것입니다. 중간화질로 설정해도 모바일로 확인하기 때문에 작아 보이거나 화질이 나빠 보이지 않습니다.

11 추출하기를 눌러 GIF를 만듭니다. 추출이 완료되면 작업한 결과물을 갤러리에서 확인할 수 있습니다.

쇼핑몰 상세페이지
디자인
가이드북 3rd

1판 1쇄 발행 2022년 8월 1일
1판 2쇄 발행 2023년 10월 2일

저　　자 | 김경은
발 행 인 | 김길수
발 행 처 | (주)영진닷컴
주　　소 | (우)08507 서울 금천구 가산디지털1로 128
　　　　　STX-V타워 4층 401호
등　　록 | 2007. 4. 27. 제16-4189호

©2022. (주)영진닷컴

ISBN | 978-89-314-6589-1

YoungJin.com **Y.**
영진닷컴

'점잇기 & 컬러링북' 시리즈

점잇기는 1,000개의 점으로 이루어진 도안의 1번부터 1,000번까지 번호를 따라
순서대로 점을 이으면 훌륭한 예술 작품이 완성됩니다.
어린 시절 느꼈던 즐거움을 통해 스트레스를 해소하고, 집중력도 강화할 수 있습니다.

점잇기&컬러링북
인물편
토마스 패빗 저 | 12,000원
96쪽

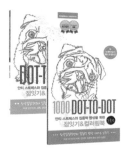

점잇기&컬러링북
동물편
토마스 패빗 저 | 12,000원
96쪽

점잇기&컬러링북
도시편
토마스 패빗 저 | 12,000원
96쪽

점잇기&컬러링북
명화편
토마스 패빗 저 | 12,000원
96쪽

점잇기&컬러링북
세계 불가사의편
토마스 패빗 저 | 12,000원
96쪽

점잇기&컬러링북
마블편
토마스 패빗 저 | 14,000원
96쪽

점잇기&컬러링북
스파이더맨편
토마스 패빗 저 | 14,000원
96쪽

점잇기&컬러링북
가디언즈 오브 갤럭시편
토마스 패빗 저 | 14,000원
96쪽

점잇기&컬러링북
어벤져스편
토마스 패빗 저 | 14,000원
96쪽

영진닷컴 단행본 도서

영진닷컴에서는 눈과 입이 즐거워지는 요리 분야의 도서,
평범한 일상에 소소한 행복을 주는 취미 분야의 도서,
감각적이고 트렌디한 예술 분야의 도서를 출간하고 있습니다.

> 요리 <

**홈메이드
과일 샌드위치**

나가타 유이 | 16,000원 | 196쪽

치즈메이커

모건 맥글린 | 24,000원
224쪽

**와인 폴리
: 매그넘 에디션**

Madeline Puckette, Justin Hammack
30,000원 | 320쪽

맥주 스타일 사전
2nd Edition

김만제 | 25,000원
456쪽

> 취미 <

**기분이 좋아지는
오늘의 입욕제**

소크아트 | 16,000원 | 208쪽

**손흥민
월드와이드 팬북**

에이드리안 베즐리 | 12,000원
64쪽

**라탄으로 만드는
감성 소품**

김수현 | 17,000원
268쪽

**사부작 사부작
에뚜알의 핸드메이드**

에뚜알 | 13,000원
144쪽

> 예술 <

**러블리 소녀 컬러링북
with 비비노스**

비비노스 | 15,000원 | 152쪽

**수수한 아이패드
드로잉**

수수진 | 17,000원 | 192쪽

**그림 속 여자가
말하다**

이정아 | 17,000원
344쪽

**예술가들이 사랑한
컬러의 역사**
CHROMATOPIA

데이비드 콜즈 | 23,000원
240쪽

영진닷컴
프로그래밍 도서

영진닷컴에서 출간된 프로그래밍 분야의 다양한 도서들을 소개합니다.
파이썬, 인공지능, 알고리즘, 안드로이드 앱 제작, 개발 관련 도서 등 초보자를 위한 입문서부터
활용도 높은 고급서까지 독자 여러분께 도움이 될만한 다양한 분야, 난이도의 도서들이 있습니다.

플러터
프로젝트

시모네 알레산드리아 저
520쪽 | 30,000원

Node.js
디자인 패턴 바이블

Mario Casciaro,
Luciano Mammino 저 | 648쪽
32,000원

한 권으로 배우는
Vue.js 3

김동혁 저 | 396쪽
26,000원

다재다능
코틀린 프로그래밍

벤컷 수브라마니암 저
488쪽 | 30,000원

유니티를 이용한
VR앱 개발

코노 노부히로, 마츠시마 히로키,
오오시마 타케나오 저 | 452쪽
32,000원

유니티를 몰라도 만들 수 있는
유니티 2D 게임 제작

모리 요시나오 저 | 320쪽
22,000원

AWS로 시작하는
AI 서비스 with 파이썬

이노우에 켄이치 저 | 248쪽 |
22,000원

친절한 R with
스포츠 데이터

황규인 저 | 416쪽
26,000원

딥러닝을 위한
파이토치 입문

딥러닝호형 저 | 320쪽
25,000원

바닥부터 배우는
강화 학습

노승은 저 | 304쪽
22,000원

도커 실전 가이드

사쿠라이 요이치로,
무라사키 다이스케 저
352쪽 | 24,000원

단숨에 배우는
타입스크립트

야코프 페인, 안톤 모이세예프 저
536쪽 | 32,000원